KB244821

휴맥스, 다시 벤처 정신을 말하다

휴맥스, 다시 벤처 정신을 말하다

글로벌 벤처 신화,
휴맥스 변대규 회장의 도전과 혁신 이야기

전채연 지음

김영사 on

꿈을 이룰 수 있는 상상력을 품다

모든 것은 1989년 어느 날 밤에 시작되었다. 그날 20대 후반의 젊은 이 몇 명이 신림동 289번 버스 종점 근처 포장마차에 앉아 있었다. 인심 좋은 할머니가 하는 단골 포장마차에서 그들은 값싼 안주에 소주잔을 기울이며 미래에 대해 이야기했다. 늘 그 자리에 모여 수다를 떨던 서울대학교 공과 대학 정보시스템연구소 선후배들이었지만 그날만큼은 사뭇 분위기가 달랐다. 그들은 어딘지 모르게 들떠 있었다.

그날의 화두는 미국 실리콘밸리에서 불고 있는 벤처 창업 붐이었다. 그들은 미국의 벤처 비즈니스를 견학하고 돌아온 지도 교수로부터 실리콘밸리의 사정을 전해 들었다. 특히 미국 스탠퍼드 대학의 프레드릭 터만 교수가 휴렛과 팩커드를 격려해서 휴렛팩커드(HP)를 창업한 일이 흥미를 끌었다. 휴렛팩커드가 실리콘밸리의 첫 번째 벤처 기업이 되고 세계적인 기업으로 성장한 것은 그들을 흥분시키기에 충분했다. 지도 교수는 틈만 나면 이렇게 이야기했다.

"너희들이 학위를 마치고 교수가 되거나 대기업에 들어가려는 것을 잘 안다. 하지만 벤처 기업을 창업해서 국가 경제에 기여하는 또 다른 길도 있다는 사실을 늘 염두에 두어라."

지도 교수는 스탠퍼드 대학 출신 학생들이 창업에 도전했듯 그들도 창업에 도전해 보기를 권유했다. 그들은 밤이 늦도록 이야기를 나누던 중 자연스럽게 창업에 대해 논의하게 되었다. 모두가 하나같이 가진 것 없는 대학원생 신분이었다. 창업 자금도 없었을 뿐더러 변변한 사업 계획이 있는 것도 아니었다. 하지만 그들에게는 기술에 대한 자부심이 있었다. 무엇보다 앞뒤 재지 않고 덤벼들 수 있는 패기가 있었다. 그러다 보니 그들은 누가 먼저랄 것 없이 창업에 있어 의기투합했다.

"그래. 까짓것 한번 해 보자!"

창업은 일사천리로 결정되었다.

'포장마차 결의'로 부르는 그날의 의기투합은 그들의 인생을 바꿔 놓기에 충분했다. 그렇게 자그마한 사무실에 일곱 명의 청년들이 모여 앉아 창업을 시작했다.

회사 이름은 건인시스템이라고 지었다. 그들이 적을 둔 정보시스템연구소(Control Information)의 control에서 'con'을 따오고 information에서 'in'을 따와 조합한 것이다. 한문으로는 세울 '건(建)'에 사람 '인(人)' 자를 썼다. '사람을 세우는 기업'이라는 뜻이었다. 그것이 휴맥스의 전신인 건인시스템의 시작이었다. 그 작은 기업이 훗날 매출 1조 원이 넘는 벤처 신화를 만들어 내리라고는 아무도 상상하지 못했다.

건인시스템은 우리나라에 벤처 창업 붐이 일기 전에 창업한 벤처 1세대 회사 중 하나이다. 당시에는 서울대학교를 졸업하면 교수가 되거나 안정적인 대기업에 들어가는 게 일반적이었다. '벤처'라는 개념 자체가 생소하던 시절이었고, 벤처 캐피털 회사도 정부 주도로 막 시작되는 참이었다. 그런 상황에서 미래가 불투명한 창업을 시도한다는 것 자체가 어찌 보면 리스크를 고스란히 떠안는 일이 될 수 있었다.

하지만 그들은 두려움을 몰랐다. 사업 자금도 없이 '맨땅에 헤딩하듯' 시작한 일이었지만 그들은 누구보다 서로에 대해 잘 알았고 서로에 대한 믿음이 컸다. 그들은 서울대학교 공과 대학 정보시스템연구소에서 가장 뛰어난 엔지니어들이었다. 기술에 대해서는 최고라고 자부하는 인재들이 한 명도 아니고 일곱 명이 모였으니 못 할 것이 없다고 생각했다.

만약 실패한다면? 그래 봤자 20대 후반이었다. 실패조차도 가볍게 웃어넘길 수 있는 나이였다. 아니, 오히려 아무도 시도하지 않았기에 겁 없이 시작할 수 있었고, 발로 뛰며 기업을 일굴 수 있었다.

동기들이 대학교수가 되려고 하거나 대기업 입사를 준비할 때 그들은 기존 질서와 다른 새로운 길을 모색했다. 성공이 검증되거나 완벽한 환경이 주어질 때까지 기다리지 않았다. 그들 스스로 새로운 가능성을 타진하기 위해 겁 없이 시장에 뛰어들었다. 준비가 완벽하게 될 때까지 기다리기보다는 일단 시작했고, 부딪치고 깨지면서 하나하나 배워 나갔다. 그래서 휴맥스의 벤처 신화를 이끈 변 회장은 이렇게 말했다.

"실패와 시행착오를 통해서만 진정으로 배울 수 있고, 성장할 수 있습니다. 그러니 실패하는 걸 두려워하지 마십시오."

나는 미래의 공학 기술인들이 휴맥스의 성장 스토리를 통해 선부른 성공 노하우 한두 가지를 배우기를 바라지 않는다. 그보다는 기존 질서에 편입하지 않고 새로운 상상력으로 시장을 개척할 수 있었던 '벤처 정신'의 본질을 배웠으면 좋겠다. 저성장 고령화 현상이 지난하게 이어질 것으로 예측되는 한국 사회에서, 그러한 벤처 정신이 삶의 돌파구가 되어 주리라 믿기 때문이다.

목차

1

가난한 동네의 어중간한 모범생

그는 자신이 정말 하고 싶은 일이

무엇인지 알 때까지 끊임없이 궁리했고

더 나은 답을 찾을 때까지 기다릴 줄 알았다.

그리고 분명하게 스스로에게

설득될 때에만 행동으로 옮겼다.

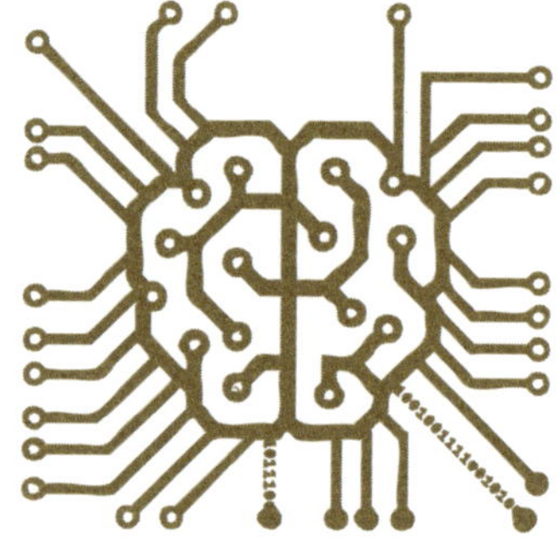

가난, 그에게는 너무 익숙한 풍경

휴맥스의 전신인 건인시스템은 잘 알려진 대로 서울대학교 공과 대학의 같은 연구실에서 동고동락하던 대학원생들이 의기투합해 창업한 회사다. 겉으로 보기에는 즉흥적으로 이뤄진 일처럼 보이지만, 실은 창업하기까지 짧지 않은 숙고의 시간이 있었다. 몇 년 동안 한 연구실에서 프로젝트를 함께하던 창업 멤버들은 다들 기술에 대해서는 둘째가라면 서러워할 인재들이었다. 변대규 회장은 이 팀을 이끌던 팀장이었다. 하지만 그도 창업을 결심할 때까지는 자신이 무엇을 잘하는지 알지 못하는 평범한 청년에 불과했다.

다만 확신을 갖기 전까지는 쉽게 결정을 내리지 않는다는 점이 다른 이들과 다른 그의 성격이었다. 그는 자신이 정말 하고 싶은 일이 무엇인지 알 때까지 끊임없이 궁리했고 더 나은 답을 찾을 때까지 기다릴 줄 알았다. 그리고 분명하게 스스로에게 설득될 때에만 행동으로 옮겼다. 그것은 어린 시절부터 몸에 밴 그의 방식이었다.

변대규 회장은 1960년 3월 8일 대구에서 태어났다. 당시 한국은 1인당 GDP가 100달러도 채 되지 않던 가난한 나라였다. 한국이 경제적으로 급속하게 발전하기 시작한 것은 그가 태어나고 나서 몇 년 후부터였다.

그 또한 그리 넉넉하지 않은 가정 형편 속에서 자랐다. 아버지가 이런저런 사업을 했는데, 번번이 잘 풀리지 않아 이사를 자주 다녀야 했다. 초등학교 1학년 때 숙제를 하다가 연필을 깎으려는데 집에 연필 깎는 칼이 없다는 사실을 알아차렸다. 그는 그때 처음으로 가난을 실감했다. 아쉬운 대로 부엌칼로 연필을 깎아 보려다 잘 되지 않아 난감했던 기억이 아직도 남아 있었다.

"제 기억 속 아버지는 가난해서 공부를 많이 하지는 못했지만, 선생이나 학자를 하기에 적당한 기질을 품고 있으셨습니다. 경제적으로는 별달리 능력이 없었고 운도 따르지 않으셨죠. 이것저것 시도를 하셨지만 손대는 것마다 결과가 신통치 않았습니다."

변 회장을 처음 보는 사람들이 그에게서 사업가보다는 학자의 인상을 받는 것은 아마도 이런 아버지로부터 받은 유전자 때문인 듯하다.

아버지의 사업이 잘 풀리지 않을 때마다 그의 가족은 더 작은 집으로, 더 구석진 동네로 이사를 가야 했다. 초등학교 4학년 무렵에는 단칸방에서 여섯 식구가 옹기종기 모여 산 적도 있었다. 빽빽하게 늘어선 슬레이트 지붕과 좁은 골목길은 그에게 익숙한 풍경이었다.

하지만 그 시대에는 부잣집이 드물었고, 또래 아이들이 고만고만하게 못살았기 때문에 가난은 그에게 특별한 고난이 아니었고 열등감의 원인도 되지 못했다. 그 시절을 건너온 이들에게 가난은 너무나 익숙한 배경이었다.

소년의 눈으로 엿본 어른들의 세상

사실 변 회장이 어릴 때부터 공부를 잘한 것은 아니었다. 가난한 형편과 주변 환경 역시 그에게 공부를 강요하지 않았다. 그러던 중 우연히 공부에 자신감을 갖게 된 계기가 있었다.

초등학교 3학년 때의 일이다. 아버지 사업이 힘들어져 살던 동네에서 멀리 이사해 전학을 하게 되었다. 전학한 학교에서 본 첫 번째 시험에서 그는 반에서 1등을 했다. 기쁘다기보다는 어리둥절했다.

"어째서 내가 1등이지?"

이전 학교에서도 공부를 잘했다거나 이번 시험에 특별히 더 열심히 한 것도 아니었다. 다만 뜻밖의 '1등 경험'은 그에게 등수 이상의 것을 안겨 주었다. 바로 자신감이었다. 그 일이 있은 후 그는 공부에 자신감을 갖게 되었고, 그 자신감은 대학원 박사 과정을 마칠 때까지 계속되었다.

지금도 그렇지만 당시 우리나라에서는 공부를 잘한다는 것이 가난한 집안을 일으킬 기회로 작용했다. 공부를 잘해서 좋은 대학을 졸업하면 고위 공무원이 되거나 대기업에 취직할 수 있었다. 그의 아버지는 장남인 그를 공부시키기 위해 어려운 가운데서도 최선을 다했다. 그는 아버지의 희망이었던 셈이다.

변 회장은 서울대학교 제어계측공학과에서 가장 먼저 창업한 학생이었다. 그가 사업을 시작하게 된 데는 어린 시절 아버지의 영향도 없지 않았을 것이다. 그의 아버지는 성과는 형편없었지만 부지런히 여러 사업을 시도했다.

아버지가 가구 사업을 시작한 것은 그가 초등학교 5학년 무렵이었다. 가구 사업이라고 해 봤자 집 안에 직접 작업장을 차려 가구를 제작해서 판매하는 정도였다.

아버지는 친척 어른에게 가구 제작 기술을 배웠다. 가구 사업은 가내수공업 형태로 운영되었다. 가구 기술자들이 함께 기거하면서 제품을 생산하는 방식이었다. 그러다 보니 집에는 늘 사람들이 북적거렸다. 작은 집 전체가 가구 공장이나 다름없었다.

함께 일하는 사람들 중에는 나이가 든 정식 기술자도 있었지만 고등학교 진학도 어려울 만큼 가난한 청년들도 여럿 있었다. 그들은 작업장에서 주로 보조로 일했다. 그들 중에는 작업 현장을 떠나면 얼치기 건달 행세를 하는 이들도 있었고 심지어 야바위꾼도 끼어 있었다.

어머니는 그들에게 매 끼니 밥을 지어 먹였다. 그들의 옷과 수건을 빨고 방을 쓸고 뒤치다꺼리를 하는 것은 온전히 어머니의 몫이었다.

변 회장에게 같은 집에서 일하는 형들은 세상의 이면을 바라볼 수 있는 창이었다. 그 창은 세상의 어두운 곳으로 향하고 있었다. 형들이나 그들의 친구들과 어울리면서 그는 초등학생이 알 수 없는 세상일을 자주 듣게 되었다. 그런 이야기 중에는 도둑질한 경험이나 도박, 패싸움에 대한 이야기도 있었다.

특히 변 회장은 야바위꾼 형이 들려준 이야기를 지금도 기억하고 있다. 그 형은 사람들이 붐비는 곳에서 팽이로 야바위 게임을 자주 했다. 팽이가 넘어진 면을 맞히면 판돈을 몰아주는 일종의 도박으로 당시에 장터나 골목에서 흔히 볼 수 있는 풍경이었다.

그 형은 게임에서 늘 이겼는데 나중에 변 회장에게 그 비결을 들려주었다. 그 형은 수없이 실험을 거듭하면서 팽이가 자기가 원하는 면으로 넘어가도록 직접 팽이를 깎는다고 했다. 그리고 누군가 형이 원하는 면에 큰돈을 걸면 판을 세게 쳐서 팽이의 회전율에 변화를 줘서 다른 면으로 넘어가도록 유도한다는 것이었다. 다시 말해 자기에게 유리한 방식으로 확률을 조작한 셈이었다.

그렇게 변 회장은 자신이 모르는 어른들의 세계를, 그것도 어두운 세계를 엿보게 되었지만 그 길로 빠지지는 않았다. 실제로 중학교를 졸업할 때까지 나쁜 길로 빠질 수 있는 유혹이 늘 그와 가까운 거리에 있었다. 하지만 어린 시절의 형들과 마찬가지로 한때 어울리던 중학교 건달 친구들도 그에게 적극적으로 동참하기를 권하지 않았다.

그가 공부를 잘했기에 아예 그들과 다른 부류의 예외적인 사람으로 취급했다.

무엇보다 그는 재미있는 일이라고 해서 마냥 빠져들지 않는 신중한 성격이기도 했다. 재미를 추구하다가도 어느 순간 의미를 따졌다. 그는 호기심에 이끌려 흥미를 가지다가도 깊이 빠져들 것 같으면 스스로에게 물었다.

'지금 이 일이 내게 어떤 의미가 있지? 이 일을 계속해도 될까?'

그러다 보면 맘껏 즐기지 못할 때가 많았다. 확신이 서기 전까지 결정을 미룰 때도 많아 스스로 답답하다고 여기기도 했다.

이런 어릴 때의 경험 덕분에 그는 단지 공부만 잘하는 모범생으로 자라지는 않았다. 그는 세상을 지나치게 장밋빛으로 바라보지 않았다. 그리고 어려운 지경에 처해 있거나 혹은 일반적인 기준에서 바른 사람이라고 할 수 없는 사람들조차도 이해하고, 편견 없이 대할 수 있게 되었다. 이런 것들이 인생의 중요한 갈림길에서 그가 옳은 선택을 하는 데 적지 않은 영향을 미쳤다.

더 크고 의미 있는 것을 찾다

변 회장이 유일하게 수혜를 입은 사교육은 바로 주산이었다. 그는 초등학교 시절부터 줄곧 주산 학원에 다녔다. 요즘 아이들이 외국어와 운동, 악기를 배우듯 당시에는 주산이 유행이었다. 주산은 주판이라는 도구를 가지고 쉽고 빠르게 계산하는 훈련으로, 수리력을 비롯해 사고력을 길러 준다는 이유로 당시 많은 아이들이 익혔다.

그도 그런 아이들 중 하나였다. 다른 점이 있다면 다른 아이들이 잠깐 하다 그만둔 데 비해 그는 꽤 오랫동안 지긋하게 주산을 배웠다는 점이다. 그는 남들보다 주산을 빨리 배웠고 숫자 감각도 유난히 좋았다. 실제로 그는 주산 학원에 다닌 지 한 달 만에 4급 자격증을 땄다. 덕분에 그는 주산 학원 선수반에서 활동했다. 선수반이란 실력이 뛰어난 아이들만 따로 모아 가르치는 일종의 특별반이었다. 크고 작은 대회가 열리면 선수반에 소속된 아이들은 학원 대표로 나가 여러 번 상을 타 왔다.

주산 학원의 분위기는 상당히 엄한 편이었다. 지금으로서는 상상도 할 수 없는 일이지만 당시 주산 학원 원장은 초등학생인 학원생들에게 매를 들거나 얼차려를 주면서 강하게 훈련시켰다. 그런데도 그는 학원을 계속 다녔다. 부모가 시킨 것도 아니고 학교에서 권한 것도 아니었다. 단지 학원 친구들과 어울리는 게 재미있었기 때문이다. 거기다 학원 주변에서는 사춘기 소년의 호기심을 자극하는 일들이 빈번하게 벌어졌다. 학교와 달리 학원 주변은 불순한 모험으로 가득 찬 곳이었다. 또래들과 다르게 어른들 세계의 어두운 면을 접하면서 그는 단지 공부만 잘하는 모범생과는 조금 다른 생각을 하면서 자랐다.

그는 주산에 관해서라면 누구에게 뒤지지 않을 자신이 있었다. 중학교에 입학할 무렵에는 이미 도내 대회에서 우승 경력을 갖고 있었다. 덕분에 장학금을 받을 수 있는 기회도 얻었다. 중학교에 입학하고 얼마 되지 않아 같은 재단 상업고등학교의 진학 담당 교사가 그를 찾아왔다.

"네가 주산을 아주 잘한다고 들었다. 네가 만약 우리 학교에 진학하면 지금부터 고등학교 졸업 때까지 전액 장학금을 지급하겠다. 어떠냐? 부모님과 상의해서 알려 주기 바란다."

제법 솔깃한 제안이었다. 고등학교 졸업 때까지 전액 장학금을 받는다면 넉넉하지 않은 집안 형편에 큰 부담을 덜 수 있었다.

하지만 어쩐 일인지 그는 내키지 않았다. 주산을 계속하는 것은 어려울 게 없었다. 초등학교 때부터 계속해 왔던 일이고, 숫자 감각도 좋은 편이니 훈련을 계속한다면 국제 대회에 나가 좋은 성적을 거둘 수도 있을 것이었다. 졸업 후에는 수상 경력을 내세워 은행 같은 안정적인 직장에 취직할 수도 있었다. 굳이 그렇게 먼 미래를 내다보지 않더라도 장학금을 받고 학교에 다닐 수 있다는 건 누가 뭐래도 좋은 기회였다. 그런데 이상했다. 선뜻 내키지가 않았다. 특별히 하고 싶은 것도 없었고 뚜렷한 계획이 있는 것도 아니었지만 그는 그 제안을 거절했다. 부모님과도 상의하지 않고 혼자 내린 결정이었다.

만약 그때 주산을 계속했다면 그의 인생은 지금과는 판이하게 달라졌을 것이다. 실제로 같은 제안을 받았던 학원 친구는 주산을 계속한 덕분에 몇 년 후에 유명 인사가 되었다. 주산 10단의 실력으로 전국 대회를 휩쓸었을 뿐 아니라 전국에 배포되는 주산 연습지의 모델이 될 만큼 유명세를 탔다. 아마 주산을 계속했다면 그도 비슷한 길을 걸었을지 모른다.

하지만 그는 그 길을 선택하지 않았다. 지금도 왜 그랬는지 분명하게 말하기는 어렵다. 하지만 그때는 막연하게 자신의 길이 아니라는 생각이 들었다.

"나에게 주산보다 더 큰 무엇인가를 할 수 있는 길이 있지 않을까?"

그것이 그의 생각이었다. 평범하고 현실적인 삶보다는 스스로 중요하고 의미 있는 삶을 추구하는 것. 그는 이후에도 인생에서 중요한 결정을 내릴 때 그 방향성을 일관되게 지켰다.

중학교 입학 후 그는 더 이상 주산을 하지 않았다. 하지만 주산 학원의 선수반 시절에 익혔던 숫자 감각은 성인이 되어 창업 후에 빛을 발했다. 그에게는 숫자가 늘 살아 있는 것처럼 느껴졌다. 직원들의 보고서보다는 숫자들을 통해 회사의 실상을 더 정확하게 파악했다. 수많은 숫자들 속에서 어떤 숫자가 그의 신경을 건드리면 그것은 회사가 풀어야 할 골치 아픈 문제이거나 실무자가 계산을 실수한 것이었다. 물론 리더의 위치에 있다 보니 숫자에 더욱 민감해질 수밖에 없기도 했다.

자신에게 꼭 맞는 공부법

변 회장은 어린 시절부터 무엇이든 스스로 결정하는 편이었다. 그는 장남으로 태어났고 늘 반장이나 학년 간부 활동을 했다. 어디서든 리더 역할을 맡다 보니 스스로 결정을 내려야 할 때가 많았다. 그러다 보니 혼자 결정하는 습관이 자연스레 몸에 뱄다.

주변에 조언을 구할 사람이 딱히 없기도 했다. 그는 고등학교에 처음으로 등교하던 날, 반 아이들이 약속이라도 한 듯 꺼내던 《성문 종합 영어》나 《수학의 정석》을 보고 매우 놀랐다. 형이나 누나가 없었고 주변에 공부를 가르쳐 줄 사람도 없던 그는 그런 문제집이 필요한지도 몰랐고 그런 문제집이 있다는 사실조차 몰랐다. 그때 처음으로 형이 있었으면 좋겠다고 생각했다.

그런 환경에서도 그는 공부를 제법 잘했다. 성적은 늘 전교 상위권에서 순위를 다투었다. 그렇다고 해서 하루 10시간씩 책상에 눌러앉아 우직하게 공부하는 스타일은 아니었다. 심지어 대입을 앞둔 고등학교 3학년 때도 저녁을 먹고 나서 바로 잠자리에 들었다. 당시 같이 살던 삼촌이 핀잔을 줄 정도였다.

"대규야, 너는 고3이 되어 가지고 공부도 안 하고 그렇게 일찍 자도 되냐?"

그는 차분하고 내성적인 성격이었지만 학창 시절에는 친구들과 어울려 노는 것을 좋아했다. 중·고등학교는 그에게 즐거운 기억이 많은 좋은 시절이었다. 친구도 많이 사귀었고 그 친구들과 꿈과 고민을 함께 나누며 우정을 쌓아 나갔다. 시간만 나면 친구들과 모여서 축구를 하거나 탁구를 쳤고 다른 학교 축구팀과 승부를 겨루기도 했다. 때로는 학교에서 금지한 일탈을 함께하면서 스릴을 즐기기도 했다. 하지만 그는 그렇게 친구들과 어울려 다니면서도 늘 좋은 성적을 유지했다. 비결은 자신만의 스타일로 공부하는 것이었다. 그는 저녁에 일찍 자는 대신 아직 사위가 어두운 새벽녘에 혼자 일어나 집중적으로 공부했다. 새벽 공부는 집중력과 효율성 면에서 어마어마한 효과가 있었다. 새벽 두어 시간의 공부만으로 낮 시간에 하는 대여섯 시간 분량을 소화할 수 있었다.

수업 시간에도 마찬가지였다. 그는 선생님의 설명을 가만히 앉아서 듣지 않았다. 다른 아이들이 선생님의 문제 풀이를 눈으로만 따라갈 때 그는 선생님보다 먼저 문제를 풀기 위해 노력했다. 그런 공부 방식은 수동적으로 수업을 듣는 것보다 집중력을 높여 효과가 훨씬 좋았고, 덕분에 수업 시간은 온전히 자기 공부 시간이 되었다. 이렇게 그는 자신에게 맞는 생활 리듬과 공부법을 미리 터득해 온종일 공부에 매달리지 않고도 좋은 점수를 받을 수 있었다.

무엇이든 혼자 결정하는 데 이력이 나 있는 그였지만 대학 진로만큼은 혼자 결정하기 어려웠다. 그는 대부분의 과목을 골고루 잘하는 학생이었다. 남들에게는 복에 겨운 투정으로 들릴 수 있지만 그는 자신이 어떤 분야에서 두각을 나타내고 흥미를 느끼는지 판단하기 어려웠다. 그에게는 특정 분야에 관심이 있거나 재능이 있는 사람들이 운 좋은 사람들로 여겨졌다. 그런 사람들은 앞으로 무엇을 할지 진로를 쉽게 결정할 수 있기 때문이다. 그런 면에서 보면 그는 운이 좋은 사람은 아니었다.

문과와 이과 중에 하나를 택하는 것도 쉽지 않았다. 어느 쪽이 더 적성에 맞는지 스스로도 확신하기 어려웠다. 결국 고민 끝에 그는 이과를 선택했다. 그는 주산 학원에 다닌 덕분에 무엇보다 산수를 잘했을 뿐 아니라 중학교 때는 제법 수학을 잘하는 학생이었기 때문이다.

그런데 고등학교 3학년 때 갑자기 수학에서 헤매기 시작했다. 수학 성적이 계속 떨어졌다. 고등학교 3학년이라는 중요한 시기에 성적이 잘 나오지 않자 담임은 특별히 그에게 반장 역할을 그만두고 공부에만 매진할 수 있도록 배려해 주었다.

그는 당시에 많은 학생들이 하고 있던 과외를 하는 것도 아니었고 수학 학원에 다니는 것도 아니었다. 그러다 보니 혼자서 가닥을 잡지 못하고 애를 먹을 수밖에 없었다. 그러던 어느 날, 용기를 내어 수학을 잘하는 한 친구에게 도움을 요청했다. 그 친구는 그에게 문제를 푸는 간단한 팁을 알려 주었고, 그 간단한 힌트가 수학 문제에 접근하는 새로운 방법을 직관적으로 깨닫게 해 주었다. 그는 그 방식을 통해 그 문제뿐 아니라 다른 모든 고등학교 수학 문제를 해결할 수 있었다. 더 이상 대학 입시 때까지 수학 때문에 애를 먹는 일은 없었다. 하지만 이 사건은 시간이 훨씬 지나 대학원 박사 과정에 이르렀을 때, 그가 진로를 결정하는 데 중대한 영향을 미쳤다.

막연히 교수가 되기를 꿈꾸다

변 회장은 서울대학교 공과 대학에 79학번으로 입학했다. 2학년이 되면서 전공으로 제어계측공학과를 선택했다. 대부분의 동기들이 그랬던 것처럼 그도 제어계측공학과에서 정확하게 무엇을 배우는지 잘 몰랐다. 하지만 학과 소개 팸플릿은 그럴듯했다. 로봇 공학, 항법 제어 장치, 신호 처리 시스템, 자동 제어 공학 등의 낱말들을 사용하며 학과를 상당히 미래 지향적으로 설명했다.

그는 대학 생활을 자유롭게 시작했다. 수업에 들어가지 않고 기숙사에서 내내 빈둥거려도 누구 하나 야단치지 않았다. 수업에 들어가지 않고도 시험만 적당히 잘 보면 졸업할 수 있던 시절이었다. 당시에는 서울대학교 출신이면 성적과 상관없이 대부분 원하는 기업을 골라 취직할 수 있었다. 개인적으로 분명한 목표를 가지고 있지 않은 이상 방종에 빠지기 쉬운 환경이었다.

거기다 1970년대는 나라 안팎으로 어수선할 때였다. 당시 우리나라는 정치적으로는 독재 체제였고, 민주주의와 인권이 억압받는 사회였다. 대학은 민주화 운동의 산실이었다. 많은 학생들이 목숨을 걸고 반독재 투쟁에 나섰고, 그러면서 경찰에 끌려가는 일도 잦았다. 요즘처럼 개인적인 꿈을 위해 공부에만 매진할 수 없었다. 그런 학생들은 오히려 생각이 얕고 정의감이 없는 이기적인 사람으로 치부되었다.

"당시에는 대학생들이 전공 공부보다는 사회 개혁에 앞장섰습니다. 지금처럼 취업하기 힘든 시절도 아니었고, 대학생이 시대적인 상황을 외면한 채 도서관에 틀어박혀 있는 것을 좋게 보지 않았죠."

그런 시대에 그는 학생 운동을 한 것도, 그렇다고 공부에 매진한 것도 아닌 채로 어정쩡하게 대학 생활을 보냈다. 주어진 자유를 당구를 배우고 술을 마시는 데 썼다. 간혹 여학교와 동아리를 만들어 독서 토론을 하기도 했다. 입학하고 얼마 되지 않았을 때는 반체제 운동 동아리에 지원한 적도 있지만 반체제 운동이 무엇인지 제대로 알고 지원한 것은 아니었다. 그는 그때를 이렇게 회상했다.

"당시 동아리의 리더 격인 친구 형의 만류로 가입을 포기했습니다. 만약 그때 그 동아리에 들어갔다면 제 인생은 지금과 전혀 다른 방향으로 흘러갔을 겁니다. 이처럼 **충분한 고려 없이 행동한 일이 한 사람의 인생을 얼마나 크게 바꿀 수 있는지를 생각하면, 인생은 너무나 많은 우연이 지배한다는 생각을 지울 수 없습니다.**"

그러던 어느 날 축제로 교내가 시끌시끌할 때였다. 10월 27일은 축제의 마지막 날로 가장 재미있는 행사가 예정되어 있었다. 그는 평소처럼 새벽 일찍 잠에서 깼다. 그런데 전날 밤에 끄지 않은 라디오에서 계속 어둡고 장중한 음악이 흘러나왔다. 뭔가 심상치 않았다. 그는 기숙사 사감을 깨워 이 사실을 알렸다. 알고 보니 전날 밤 대통령이 저녁 만찬 도중 최측근인 중앙정보부장에게 암살당했다는 것이었다. 대통령의 서거로 사회가 혼란에 빠졌다. 그날로 학교는 휴교했고, 그는 짐을 꾸려 고향인 대구로 내려갔다.

휴교를 끝낸 이듬해 봄, 학생들은 자유와 민주주의의 꿈에 부풀어 '서울의 봄'을 만끽했다. 그러나 정세는 심상치 않게 흘러갔다. 교정은 다시 데모로 시끄러워졌고, 얼마 후 군부가 권력을 장악했다. 군부는 교내까지 탱크 부대를 진주시켰고, 학생과 교직원들에게 폭력을 휘둘렀다. 학교는 다시 폐쇄되었고 긴 시간 휴교에 들어갔다. 이후에도 대학에서 가장 중요한 일은 민주주의를 쟁취하기 위한 정치투쟁이었고 데모는 일상처럼 이어졌다. 여전히 공부에 전념할 수 있는 사회 분위기가 아니었다. 결국 그는 적당히 공부하고, 적당히 데모에도 참가하면서 대학 생활을 이어 갔다.

그는 아직 몰두할 만한 것을 찾지 못한 상태였다. 전공 공부에 열정이 있는 것도 아니었고, 사회 개혁에 의지가 강한 것도 아니었다. 시대가 혼란스럽다는 이유로 아무것도 하지 않은 채 시간만 흘려보내고 있었다. 어느새 졸업 학기가 다가왔다. 그제야 그는 미래를 고민하기 시작했다.

"졸업하면 뭐 해서 먹고 살지? 과연 나는 뭘 할 수 있을까?"

그는 되도록 자기 인생을 멀리까지 내다보려 했다. 하지만 모든 게 막막하기만 했다. 선배나 동기들의 길은 대략 두 가지로 나뉘어 있었다. 대학원에 진학해 교수가 되거나 전공을 살려 대기업에 취직하는 것. 그는 어느 것 하나 명확하게 끌리지 않았지만 회사원이 되는 것보다 교수가 되는 쪽이 더 나을 것 같았다. 동기들이 그랬던 것처럼 그는 큰 고민 없이 대학원에 진학했다.

서울대 벤처 창업의 대부를 만나다

대학원에 진학했지만 그의 미래는 여전히 불투명했다. 그대로만 공부를 계속한다면 무난하게 학위를 따고 어렵지 않게 교수도 될 수 있었다. 하지만 그에게는 확신이 없었다. 남들이 다 가는 길이고, 더 좋은 길이 보이지 않기에 그 길에 머물고 있을 뿐이었다.

그런 그가 인생의 큰 방향성을 갖게 된 것은 권욱현 교수를 만나고 나서였다. 대학원을 진학하고 이듬해에 권 교수를 만났다. 지도 교수가 교환 교수로 미국으로 가는 바람에 얼떨결에 권 교수의 지도를 받게 된 것이다.

권 교수는 학자이자 엔지니어로서 자신이 살아가는 시대적인 요구를 결코 외면하지 않는 사람이었다. 시대적 환경을 정확하게 계측하여 목표를 설정한 다음, 자신의 능력을 발휘해 최고의 성과를 이끌어 내는 데 탁월한 인물이었다.

　권 교수는 당시로서는 남다른 생각을 가진 학자였다. 그가 막 교수가 되었을 즈음은 한국 기업들의 기술 수준이 매우 낮을 때였다. 그래서 권 교수는 공과 대학이 우리나라 산업 발전에 기여해야 한다고 판단했고, 연구실을 중심으로 기업에서 직접 실용화할 수 있는 프로젝트에 열정을 쏟았다. 그러다 기업의 기술력이 어느 정도 수준에 이르자 이번에는 연구에 몰두하기 시작했다. 유명 국제 학술지에 게재한 논문 수가 125편에 이를 만큼 학술 활동도 왕성하게 펼쳤다.

　변 회장이 대학원에 진학할 즈음, 서울대학교 교수들에게 가장 중요한 일 역시 뛰어난 논문을 쓰는 것이었다. 석·박사 과정을 밟는 학생들도 대부분 교수가 되기 위해 논문을 쓰는 데 열중했다. 하지만 권 교수는 달랐다. 그는 틈만 나면 제자들에게 이렇게 물었다.

　"공학도들이 우리나라를 위해 무엇을 할 수 있을까?"

　제자들은 권 교수의 물음에 선뜻 대답할 수 없었다. 바로 답할 수 있는 만큼 단순한 질문이 아니었다. 어쩌면 공학도로서 인생 전체를 통틀어 답을 찾아야 하는 화두나 다름없었다. 실제로 변 회장은 휴맥스를 운영하면서 기로에 설 때마다 항상 스스로에게 이렇게 물었다고 한다.

　"우리 회사가 이 사회를 위해 과연 무엇을 할 수 있을까?"

　그것은 권 교수가 변 회장에게 던진 질문과 같은 것이었다.

　대학원 시절 변 회장은 권 교수의 지휘 하에 여러 가지 사업화 기술 개발에 참여했다. 이런 경험이 훗날 변 회장이 창업을 결심하는 데 중요한 요인으로 작용했다. 만일 지도 교수가 바뀌지 않았다면 그도 이론 중심의 논문을 쓰는 데 집중했으리라. 그랬다면 창업을 하기로 마음먹기가 쉽지 않았을 것이다.

벤처 정신을 수혈받다

변 회장에게 권 교수는 삶의 나침반 같은 사람이었다.

"아마 권욱현 교수님을 만나지 못했다면 내 인생은 완전히 달라졌을 겁니다."

권 교수와의 만남은 계획하거나 의도하지 않은 일이었다. 하지만 그 우연으로 인해 한 공학도의 인생 항로가 완전히 바뀌었다.

권 교수는 우리나라에 '벤처'라는 개념이 생기기도 전에 제자들에게 창업을 독려했던 '서울대 벤처 창업의 대부'였다. '대한민국 최고과학기술인상'을 수상할 만큼 학문적인 성취도 높았다. 하지만 그는 이론보다 실용 기술을 개발하는 데 좀 더 깊은 관심을 가졌다.

1981년 안식년을 맞은 권 교수는 미국 스탠퍼드 대학으로 갔다. 그곳에서 연구를 하는 것이 본래 목적이었지만, 실은 실리콘밸리의 벤처 비즈니스를 견학하고 싶은 마음이 더 컸다고 한다.

미국에서 돌아온 그는 한국 경제에 필요한 실용 기술을 개발하는
데 많은 노력을 기울였다. 그러다 보니 그의 실험실은 학문적인 성과
보다는 기술 개발을 중요하게 여기는 좀 유별난 연구실로 통했다. 연
구소의 대학원생들은 정부의 기초 연구 과제보다는 기업에서 요청한
실용적인 과제를 프로젝트로 삼았다. 이를테면 한국전력공사나 상
공부(지금의 산업통상자원부)의 주문을 받아 현장에서 바로 쓸 수 있는 기
술을 개발하는 식이었다. 논문을 쓰는 데는 별 도움이 되지 않았지만
창업을 하는 데는 매우 유용한 것들이었다.

권 교수의 연구실은 서울대학교 공과 대학은 물론이고 다른 대학
연구실과도 분위기가 달랐다. 이론보다는 기술 개발을 중요하게 여
기다 보니 자연스레 엔지니어 기질이 다분한 멤버들이 속속 모여들었
다. 다른 때와 다르게 뭔가를 설계할 때만큼은 눈빛이 빛나는 젊은이
들이었다.

물론 이를 우려하는 시선도 없지 않았다. 지금에야 청년 창업이 권
장되고 국가 차원에서도 지원을 많이 하는 편이지만 당시에는 그렇
지 않았다. 대학은 연구를 하는 곳이지 사업을 하는 곳이 아니라는
생각이 팽배했다. 심지어 변 회장이 창업을 결정하고 교수들에게 알
리자 야단을 치는 교수도 있었다.

"어렵게 박사 과정을 마쳤으면 연구를 해서 논문을 써야지 뭔 돈을
벌겠다고 사업을 한다는 거야?"

하지만 시간이 흐른 후 정부에서 벤처 기업을 육성하자 대학에서도

학생들의 창업을 장려하는 분위기가 만들어졌다. 그런 측면에서 권 교수는 선각자인 셈이었다.

권 교수가 영감을 받은 곳은 바로 창조에 대한 열정으로 똘똘 뭉친 엔지니어들의 집합소인 실리콘밸리였다. 권 교수는 거기서 우리나라 공학계에서는 찾아볼 수 없는 도전 정신을 목격하고 돌아왔다. 그는 틈만 나면 제자들에게 이렇게 말했다.

"이제는 박사 학위를 땄다고 해서 무조건 대학 교수가 되는 시대가 아니야. 대기업이나 국책 연구소에 가야만 제대로 성장하는 것도 아니지. 너희들이 그런 생각을 바꿔야 한다. 너희들이라고 해서 휴렛이나 팩커드처럼 되지 말란 법이 없잖아."

무엇보다 권 교수는 젊고 재능 있는 인재들이 사회에 기여해야 한다고 믿었다. 그러기 위해서는 학교에 안주하는 것이 아니라 사회에 나가 뜻을 펼쳐야 한다고 강조했다.

변 회장은 권 교수를 만난 덕분에 늦게나마 자신의 진로를 결정할 수 있었다. 권 교수는 막연하게 교수를 꿈꾸던 그에게 인생의 다른 전망을 보여 주었다. 하지만 그때까지만 해도 구체적으로 창업을 계획하고 있던 것은 아니었다. 다만 교수가 되는 일 말고도 다른 길이 있다는 가능성을 보게 되었다.

지금도 권 교수의 연구실은 우리나라에서 벤처 창업자를 가장 많이 배출한 연구실로 통한다. 휴맥스뿐 아니라 우리기술, 슈프리마 등 권 교수의 제자들이 창업한 벤처 회사가 무려 11개나 된다. 그중 6개

회사는 상장까지 했다. 대학교 연구소에서 그 정도로 벤처 창업을 많이 한 사례는 찾아보기 어렵다. 그만큼 권 교수가 적극적으로 창업을 독려했기에 가능한 일이었다. 제자들은 연구실에서 실제 기업에서 활용되는 기술을 개발할 수 있었고, 팀 연구를 통해 협동심을 배웠다. 더불어 두려움 없이 시작할 수 있는 벤처 정신과 엔지니어로서의 사명감을 배울 수 있었다.

권 교수는 기업에서 못하는 일을 제자들이 맡아서 할 수 있도록 정보시스템연구소를 이끌어 나갔다. 전기통신연구소에서 500만 원짜리 프로젝트를 따 온 것을 시작으로 한국전력공사나 포항제철 등의 국내 기업에서 다양한 프로젝트를 수주받아 학생들에게 과제로 부여했다.

그 과제들은 몇 개월 몰두해서 해결할 수 있는 수준이 아니었다. 기술 개발에서 둘째가라면 서러워할 공학도들조차 팀을 이뤄 2~3년을 매달려야 겨우 풀 수 있는 과제들이었다. 거기다 권 교수는 기업에서 프로젝트를 의뢰해 오면 안 된다거나 못한다고 말하는 법이 없었다. 다만 의뢰한 기업에 이렇게 물을 뿐이었다.

"그 문제가 외국에서 이미 해결된 건가요?"

우리나라에서 아직 개발되지 않았다 하더라도 외국에 이미 해결한 사례가 있다면 우리라고 못할 이유가 없다는 것이 그의 지론이었다. 그는 언제나 문제를 단순하게 접근했다.

"아예 세상에 없는 것을 발명하는 것이라면 몰라도, 누군가 이미 이뤄 낸 걸 우리가 못할 이유가 없지요."

제자들에게 프로젝트를 맡길 때도 그는 이렇게 말하면서 사기를 북돋아 주었다.

"대한민국에서 너희들이 못하면 누가 하냐?"

그러면 제자들은 그 말에 한껏 고무되어 힘겨운 프로젝트도 거뜬히 해내곤 했다.

실제로 그 말은 틀린 말이 아니었다. 당시 서울대학교 공과 대학 학생들은 대한민국에서 가장 뛰어난 인재들이었다. 권 교수는 그런 인재들이 팀을 이뤄 머리를 맞대고 몇 년씩 한 과제에 매달리는데 풀지 못한다는 것은 있을 수 없는 일이라고 확신했다.

특히 그는 무엇이든 제자들이 스스로의 힘으로 직접 해결해 보도록 격려했다. 제자들은 그런 스승의 뜻에 따라 기업에서 해결하기 어려운 프로젝트들을 맡아 2년이고 3년이고 팀을 이뤄 진행했다.

무엇이든 할 수 있다고 생각하는 지도 교수를 둔 덕분에 변 회장을 포함해 정보시스템연구소 엔지니어들은 기업에서 요구하는 것이면 무엇이든 해내야 했다. 간혹 그런 개발 일을 '막노동'이라고 칭하는 이들도 있었다. 하지만 대개는 기꺼이 개발 일에 매달렸다. 권 교수 연구실 제자들은 그런 일을 은근히 즐기는 못 말리는 엔지니어들이었다.

한번은 고리 원자력 발전소의 프린터가 고장이 나 문제를 일으킨 적이 있었다. 원자력 발전소에서 본사에 문의한 결과, 작동이 안 되면

본체를 통째로 바꿀 수밖에 없다는 답변을 받았다. 기계를 교체하기에는 비용이 너무 많이 들었다. 원자력 발전소는 이곳저곳 의뢰를 해 보다 다들 못한다고 발을 빼자 결국 권 교수에게 의뢰했다.

권 교수는 늘 그렇듯 선뜻 하겠다고 나섰다. 그는 못한다고 거절하는 법이 없었다. 무엇이든 맡아서 부딪쳐 봐야 문제가 무엇인지 알 수 있고, 그 문제를 해결하는 과정에서 실력이 쌓인다고 믿었다.

결국 문제는 연구소 엔지니어들에게 주어졌다. 그들은 며칠 밤을 새워 무슨 수를 써서라도 문제를 해결해 냈다. 그러자 다음부터 원자력 발전소는 무슨 일만 생기면 정보시스템연구소에 의뢰하기 시작했다. 권 교수와 연구소 엔지니어들에 대한 신뢰가 생긴 것이다.

이런 경험들이 차츰차츰 쌓이자 연구소 엔지니어들 또한 기술에 대한 자신감으로 똘똘 뭉치게 되었다. 대학교에 적을 두고 있으면서 기업의 기술 개발을 주도하고 있다는 것은 그들에게 자부심을 주기에 충분한 일이었다. 그들이 맡아서 진행한 과제는 기업에서도 쉽게 풀기 어려운 것이었다. 그들은 그런 프로젝트를 하나하나 진행하는 과정에서 무슨 일이든 주어지면 해낼 수 있다는 자신감을 갖게 되었다.

'깊이 안다'는 것

"어떤 일을 98퍼센트까지 진행하고 나서 포기한다면 그건 하지 않은 것과 같아. 그러니 한번 시작한 일은 무슨 일이 있어도 끝을 내야 해. 마지막 2퍼센트까지 끝을 보지 않으면 아무 소용이 없는 거야."

권 교수의 말은 정보시스템연구소를 움직이는 원동력이 되었다. 연구소 엔지니어들은 한번 맡은 프로젝트는 무슨 일이 있어도 끝을 봐야 했다. 물론 그 과정은 말도 못하게 고통스러웠다. 하지만 한번 개발에 성공하고 나면 엔지니어들은 언제 그랬냐 싶게 성취감에 들떴다. 짧게는 1~2년, 길게는 2~3년을 한 프로젝트에 매달리면서 엔지니어들은 차츰 기술력을 키워 나갔다. 프로젝트의 성공이 거듭될수록 기술에 대한 자신감도 탄탄하게 쌓여 갔다.

변 회장은 이러한 프로젝트를 동기나 후배들과 수행하면서 주로 프로젝트 매니저 역할을 맡았다. 프로젝트 매니저는 한 팀이 맡은 프로젝트를 총괄하고 책임지는 자리였다. 개발 능력이 가장 뛰어나서 리더를 맡았다고 생각할 수도 있다. 하지만 엔지니어로서 그의 기량은 팀원들과 비하면 평이한 수준이었다. 대신 팀원들을 조율하고 프로젝트를 이끌어 가는 능력을 인정받았다.

변 회장과 엔지니어들은 주로 한국전력공사 같은 산업체의 수주를 받아 디지털 제어 장치를 개발하는 프로젝트를 진행했다. 이를테면 기계 장치로 구성된 발전소와 변전소 시스템을 디지털로 변환하는 일이었다.

한번은 규모가 상당히 큰 발전소 프로젝트를 맡은 적이 있었다. 발전된 전기의 주파수를 자동으로 미세 조정하는 장치를 개발하는 것이었는데, 삼천포 화력 발전소에서 현장 실험을 하기로 되어 있었다. 톱니처럼 맞물려 돌아가는 발전소의 거대한 기계 장치들을 낱낱이 해석한 다음 거기에 직접 개발한 디지털 제어 장치를 연결해서 실험해야 하는 프로젝트였다.

변 회장은 서울에서 경남을 수없이 오르내리며 작업에 매달렸다. 한낱 대학 연구소에 불과했지만 그즈음에는 한국전력공사의 대규모 프로젝트를 수행할 정도로 기술력을 인정받고 있었다. 그는 팀의 엔지니어들과 함께 거대한 발전소가 어떻게 가동하는지 이해하고 그것을 바탕으로 디지털 제어 장치를 만드는 일에 몰두했다. 작업을 하는데 꼬박 2년이 걸렸다. 우여곡절 끝에 제어 장치가 완성되었고, 가동 중인 설비에 디지털 회로를 연결해 테스트 준비까지 마쳤다.

디지털 회로의 스위치를 올리자 서서히 발전기가 가동되면서 보일러가 돌아가기 시작했다. 보일러가 불을 때자 그 열로 인해 스팀이 생기고, 스팀의 압력이 높아지면서 터빈이 서서히 돌아갔다. 이제 터빈이 돌기 시작하면 전기가 생산되어 발전소 외부로 전기가 공급될 것이었다.

그런데 서서히 돌아가던 터빈이 어느 순간 맥없이 멈추고 말았다. 잘 돌아가던 발전소가 한순간에 멈추자 발전소 직원들은 사색이 되었다. 대형 사고를 친 엔지니어들은 원인을 규명할 새도 없이 당장 철수하라는 명령을 받고 발전소를 떠나야 했다. 2년 동안 공들인 프로젝트가 물거품되는 순간이었다.

나중에 확인해 보니 원인은 아주 단순한 데 있었다. 디지털 회로를 설계하는 과정에서 명령어 하나를 잘못 입력한 것이 화근이었다. 예를 들어 '+'를 써야 할 자리에 '−'를 쓴 정도의 아주 사소한 실수였다. 하지만 그로 인해 거대한 발전소가 순식간에 멈춰 버렸으니 엔지니어로서는 재고의 여지가 없는 실수였다.

지금은 발전소를 멈춘 전력을 떠벌리며 웃어넘길 수 있게 되었지만, 당시에는 그리 유쾌한 일이 아니었다. 한 번의 실수로 다시는 발전소 현장에서 실제 실험을 해 볼 기회를 가질 수 없게 되었기 때문이다. 하지만 변 회장은 그때 얻은 교훈을 아직도 마음속에 간직하고 있다.

프로젝트를 진행하려면 우선 발전소를 모델링하여 컴퓨터에 시뮬레이터를 만들고, 개발한 장치를 현장에 연결하기 전에 실험실에서 이런저런 컴퓨터 시뮬레이션 작업을 진행하게 된다. 그런데 시뮬레이터를 돌려 보는 중에 상식적으로 압력이 높아져야 하는 지점에서 압력이 낮아지는 결과가 나왔다. 엔지니어들이 다들 의아해했지만 변 회장은 직관적으로 이상할 게 없다고 생각했다. 그 지점에서는 압력이 떨어지는 게 정상이라는 느낌이 든 것이다.

"아냐. 여기선 이게 맞는 것 같아."

설명하긴 어려웠지만 그의 몸은 압력이 떨어지는 것이 정상이라고 말하고 있었다. 실제로 좀 더 정밀하게 분석해 보니 그 단계에서 압력이 떨어지는 게 정상이었다. 옆에서 지켜보던 권 교수가 말했다.

"대규는 발전소 시스템을 머리로 이해하는 것을 넘어 이제 몸으로 이해한 거야. 몸이 감지할 정도가 되어야 깊이 아는 것이지."

변 회장은 그 일을 통해 '깊이 안다'는 것이 무엇인지 알게 되었다. '깊이 안다'는 것은 머리로 이해하는 것과는 차원이 다른 '앎'이었다. 무언가를 깊이 이해한 사람은 논리적인 단계를 거치기 전에 직관적으로 결론에 이를 수 있다. 엔지니어들은 누구보다 골똘히 문제에 천착하는 과정을 통해 그 경지에 이르러야 한다는 사실을 배우게 되었다.

단순히 잘하는 것만으로는 부족하다

박사 학위 논문을 준비하고 여러 가지 기술 개발 프로젝트로 한창 바쁘게 보내던 중에 변 회장은 군대에 입대하게 되었다. 당시에는 30개월 동안 군 복무를 하는 것이 의무 사항이었다. 하지만 석사 학위 소지자의 경우 자격시험에 통과하면 6개월 동안 간부 훈련만 마치고 제대할 수 있는 특례 제도가 있었다. 이 제도 덕분에 그는 박사 학위 논문 준비와 연구소의 기술 개발 일을 무사히 진행할 수 있게 되었다.

하지만 그 즈음에 아버지가 위암 판정을 받았다. 그는 수술을 마치고 병상에 있는 아버지를 뒤로 하고 훈련소로 향했다. 그리고 이듬해 말, 아버지는 54세의 나이로 돌아가셨다.

아버지의 죽음은 그에게 많은 영향을 끼쳤다. 아버지는 성품이 좋은 사람이었다. 아버지를 따랐던 많은 사람들이 그의 죽음을 진심으로 가슴 아파했다. 하지만 빚은 어쩔 수가 없었다. 아버지가 남긴 빚은 고스란히 변 회장에게 대물림되었다. 남은 재산을 다 처분해도 갚을 수가 없었다. 결국 그는 일일이 지인들을 찾아다니며 아버지 대신 빚을 갚 겠다는 서류에 서명했다. 생계가 막막해진 어머니는 평생 처음으로 공장에 다니기 시작했다. 집안의 장남으로서 그는 가족의 생계를 위해 학업을 중단해야 할지 모르는 기로에 섰다. 하지만 당장 몇 푼의 돈을 버는 것보다 장래를 위해 학업을 계속하는 편이 옳다고 판단했다.

아버지의 죽음은 그가 진정한 어른으로 성장하는 계기가 되었다. 그는 어릴 때부터 무척 독립적인 아이였고 대부분의 중요한 결정을 혼자 내렸다. 하지만 아버지의 죽음은 심리적으로 이 세상에서 의존할 수 있는 마지막 대상이 사라졌다는 것을 의미했다. 그는 이제 오롯이 홀로 세상을 마주하게 되었다.

그 무렵 변 회장은 박사 과정을 1년 반 정도 마친 상태였다. 학위 논문은 제어 이론 분야였고, 수학 관련 능력이 많이 필요한 과제였다. 논문을 쓰는 과정에서 그는 스스로 논문을 쓸 정도의 수학 능력은 있지만 그 분야에서 뛰어난 교수가 되기에는 부족하다고 느꼈다.

그는 고급 수학 과목을 수강하던 중 그가 증명하지 못하고 어려워하던 수학 문제를 후배가 쉽게 해결하고 넘어가는 것을 목격한 적이 있었다. 그는 그때 불현듯 고등학교 3학년 때 수학 성적이 떨어져 애를 먹었던 기억이 떠올랐다. 그리고 그게 무슨 의미인지 갑자기 명확해졌다. 그것은 그가 수학을 평균 이상으로 잘할 수 있는 재능을 지니지 못했음을 의미했다. 그 정도의 수학적 재능으로는 전공 분야에서 최고의 교수가 되기는 어렵다는 사실을 문득 깨달았다.

그때까지 변 회장은 어떤 분야를 업으로 삼을지 아직 결정하지 못한 상태였다. 하지만 직업을 고르는 기준만큼은 진작부터 마련해 두고 있었다. 무슨 일을 하든 그 분야에서 최고가 될 수 있는 가능성이 있어야 한다는 것이었다. 평범한 교수가 되고 싶은 생각은 없었으니 교수가 되는 것은 이제 그의 목표가 아니게 되었다.

많은 사람들이 자신이 최고가 될 수 있는 분야를 집요하게 찾기보다는 웬만큼 잘하는 일에 만족한다. 하지만 어떤 일을 열정을 가지고 꾸준히 계속하려면 단순히 잘하는 것만으로는 부족하다. 그 일에서 탁월한 재능을 발휘할 수 있어야 한다.

사실 그가 잘하는 분야는 따로 있었다. 그는 정보시스템연구소에서 항상 프로젝트를 이끌어가는 매니저였다. 팀원들의 재능과 기량에 맞게 업무를 배분하고, 스케줄과 팀워크를 조율하는 일은 언제나 그의 몫이었다. 교수나 기업체 직원들과 커뮤니케이션 하는 것은 누구보다 그가 잘하는 일이었다. 학교에서는 반장, 모임에서는 회장, 프로젝트에서는 줄곧 팀장을 맡았지만, 그는 한 번도 그런 역할에서 어려움을 겪어 본 적이 없었다. 그것은 그에게 너무나 잘 맞는 옷이었다.

'하지만 그게 어떤 직업으로 연결될 수 있을까?'

그는 여전히 답을 얻지 못하고 있었다. 분명한 것은 그 길이 교수가 되는 것은 아니라는 사실뿐이었다.

2

일곱
엔지니어들의
무모한 도전

사업 초기 경영에 대해서

아는 게 없어

고생을 할 수밖에 없었다.

지금 생각하면 어이없는

실수도 저질렀다.

아는 게 없었기 때문에

시행착오를 감수하면서

배워야 했다.

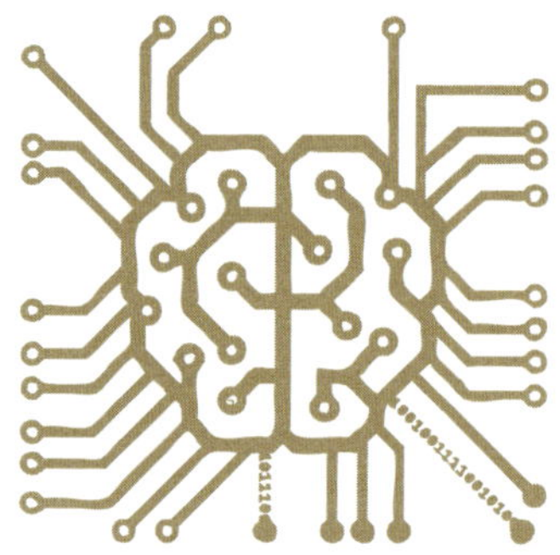

포장마차 결의

기업의 프로젝트를 하나하나 수행하다 보니 변 회장은 차츰 교수가 되는 것에 미련을 두지 않게 되었다. 아직까지 창업을 결정한 것은 아니었지만 교수가 되는 것 말고도 인생에는 다른 길이 있다는 것을 알게 되었다.

변 회장은 권욱현 교수로부터 제자들을 지도하면서 창업을 한다면 가장 잘할 것 같다는 평가를 받았다. 권 교수는 변 회장에게 경영 수업을 들어 보면 좋지 않겠느냐고 넌지시 제안했다. 변 회장은 그 조언을 흘려듣지 않고 경영학과 과목 몇 개를 청강했다.

그러다 박사 과정이 마무리될 즈음인 1989년 어느 날, 연구실 팀원들과 포장마차에서 술을 마시다 느닷없이 창업을 결정하게 되었다. 그날 포장마차에는 변 회장을 포함해 일곱 명의 연구실 멤버가 앉아 있었다. 그들은 술잔을 기울이며 이런저런 이야기를 나누다가 자연스럽게 창업을 화제로 삼았다. 얘기를 들어 보니 모두 창업에 대해 긍정적인 속내를 품고 있었다. 그들은 누가 먼저랄 것 없이 창업을 입에 올렸다. 창업은 그렇게 다소 즉흥적으로, 장난처럼 시작되었다. 그러나 아주 오래전부터 마음먹은 것처럼 자연스러운 결정이었다. 그들은 서로에 대해 모르는 게 없었다. 프로그래밍에 대해서라면 둘째가라면 서러워할 친구가 있었고, 학부 시절부터 보드를 만들어 대기업에 팔려고 했던 후배도 있었다.

구체적인 사업 계획이 있는 것은 아니었고 자금이 있었던 것도 아니었다. 다만 연구실에서 실용 기술을 개발해 봤으니 무슨 사업을 하더라도 굶지는 않으리라는 자신감만큼은 가지고 있었다.

게다가 그들의 포부는 결코 작지 않았다.

"어떤 제품을 만들지는 차차 생각해 보기로 하자. 대신 나는 단순히 먹고살기 위해 사업을 하고 싶지는 않아."

"그럼?"

"가능한 한 회사를 크게 키우고 싶어. 5년 뒤에는 백억 원, 10년 뒤에는 천억 원의 매출을 올리는 그런 회사로 말이야."

창업 멤버들은 모두 서울대학교 제어계측공학과를 졸업하고 석·박사 과정을 밟고 있는 인재들이었다. 하나같이 기술에 대한 자부심이 대단했다. 엔지니어로서 새로운 기술을 마음껏 개발해 보고 싶은 욕심도 있었다.

'포장마차 결의' 후 권 교수의 도움을 받아 학교에서 가까운 낙성대

역 부근에 조그만 공간을 마련했다. 학교 근처에 사무실을 낸 것은 여러 가지 편리성을 따진 결과이기도 하지만 휴렛팩커드(HP)가 스탠퍼드 대학 바로 뒤에 사무실을 얻은 것을 흉내 낸 것이었다.

장소만 바뀌었을 뿐 사무실 분위기는 학교 연구실과 별반 다를 게 없었다. 변 회장이 회사의 사장을 맡았지만, 그렇다고 직급 체계가 명확하게 잡혀 있는 것도 아니었다. 그들은 김 주임, 이 대리처럼 서로를 직급으로 부르지 않고 대학 연구실에서처럼 호형호제하며 지냈다. 걸핏하면 학교로 밥을 먹으러 갔고, 사무실에는 연구실 후배들이 자유롭게 드나들었다. 회의용 테이블에서 카드를 치는 날도 있었고, 눈이 많이 온 날에는 교정의 가파른 비탈길에서 썰매를 타기도 했다.

권위적인 기업 문화에 익숙한 사람들에게는 다소 낯선 풍경이겠지만, 그들에게는 그런 분위기가 자연스러웠다. 대기업처럼 체계가 잡혀 있지는 않아도 그만큼 형식에 얽매이지 않는 자유로운 분위기였다. 어수선하지만 마음껏 연구할 수 있는 분위기, 그것이 휴맥스의 전신, 건인시스템의 사무실 풍경이었다.

그들은 그때까지 회사를 꾸려 나가는 것이 얼마나 고단한 일인지 알지 못했다. 심지어 사업이 망하면 어떻게 될지도 심각하게 고민하지 않았다. 실패하면 훌훌 털고 다시 시작하면 된다고 낙관했다. 워낙 밑천 없이 시작한 일이라 실패한다고 해서 딱히 손해 볼 일도 없었다.

지금 생각해 보면 그들이 창업할 수 있었던 것은 젊은 혈기와 무모함 덕분이었는지도 모른다. 그들은 세상을 몰랐다. 하나같이 세상에

대한 쓰디쓴 경험이라고는 겪어 본 적이 없는 '책상물림'들이었다. 다
만 무모한 자신감과 열정, 이러한 덕목들이 사업을 시작하는 원동력
이 되어 주었다.

한 번쯤은 실패해도 괜찮다

훗날 휴맥스의 창업 스토리를 접한 사람들 중에는 이렇게 말하는 사람도 있다.

"아무리 그래도 회사 경영에 대해서 잘 알지도 못하는 대학원생들이 어떻게 그렇게 무모하게 창업을 결심할 수 있었습니까?"

그러면 변 회장은 특유의 진지한 표정으로 이렇게 말한다.

"당시에 우리는 실패에 대한 두려움 같은 게 별로 없었습니다. 아무래도 젊었기에 실패한다고 해도 크게 낙담할 일은 없을 거라고 생각했고, 무엇보다 권욱현 교수님 연구실에서 생존에 필요한 기술 정도는 익혔다고 생각했거든요. 안 되면 기술 용역을 해서라도 먹고살 수 있다고 봤지요."

변 회장과 창업 멤버들은 현실을 모르고 꿈에 부풀어 창업을 한 것이 아니었다. 장점과 단점을 충분히 이해하고 한 번쯤 실패해도 괜찮다는 생각으로 창업에 나섰다.

그들이 이렇게 생각하게 된 계기에는 권 교수의 영향이 가장 컸다. 보통 창업을 하고 싶어도 선뜻 하지 못하는 이유가 준비가 덜 되었다고 생각하기 때문일 것이다. 기업을 경영하려면 기술력뿐 아니라 회계나 마케팅, 관리 등에 대해서도 속속들이 알고 있어야 한다고 생각하기 때문이다. 그런데 권 교수는 모든 것을 다 알아야 시작할 수 있다고 생각하지 않았다. 오히려 한 가지 분야만 제대로 알고 있어도 충분히 창업할 수 있다고 생각하는 쪽이었다.

"물론 무슨 일을 하든 한두 가지만 가지고 되지는 않죠. 하지만 한두 가지만 잘해도 시작할 수 있다는 것이 저의 생각입니다. 우리는 공학도니까 기술력을 키워야겠지요. 기술에 대한 자신이 있다면 다른 부분은 창업을 한 뒤에 충분히 보완해 나갈 수 있지요."

권 교수는 어찌 보면 한없이 복잡하고 어렵게 접근할 수 있는 문제를 놀랍도록 단순하게 바라볼 줄 알았다. 그런 그와 함께 지내다 보니 변 회장과 정보시스템연구소 엔지니어들도 창업을 그렇게 심각하게 고민하지 않았다. 일단 시도해 보고 문제점을 보완하면서 계속 나아가는 것. 그것이 그들의 방식이었다. 그리고 그것은 그들이 기업체의 프로젝트를 맡아서 진행하면서 누누이 해 왔던 개발 과정과 프로세스가 그리 다르지 않았다.

한 분야에서 탁월한 역량을 발휘할 수 있다면 다른 분야는 필요할 때 채워 나가면 된다. 그것이 그들의 생각이었다. 만약 실패한다면?

실패한다 해도 그간 쌓았던 경험과 기술력은 사라지는 게 아니다. 한 두 번 실패했다 해도 그간 쌓아 온 경력과 실력이 있는 이상 그들은 대기업이나 국책 연구소의 경력직으로 입사할 역량이 충분히 되는 인재들이었다. 대학원에서 이미 실용화할 수 있는 기술력을 쌓은 이들에게 창업은 다른 사람들이 생각하는 것처럼 그렇게 무모한 도전인 것만은 아니었다.

초보 사장 신고식

변 회장이 사업에 뛰어든 것은 박사 과정을 마치고 나서였다. 제어
계측공학과에서는 처음으로 창업에 도전한 것이었다. 그러다 보니 사
업을 시작하자마자 어려움에 부딪혔다. 사업 초기 경영에 대해서 아
는 게 없어 고생할 수밖에 없었다. 지금 생각하면 어이없는 실수도 저
질렀다. 아는 게 없었기 때문에 시행착오를 감수하면서 배워야 했다.

사업 초창기에 건인시스템은 정보시스템연구소에서 진행했던 프로
젝트를 그대로 이어받았다. 한국전력공사 같은 회사의 개발 용역을
하면서 경비를 벌어들이고, 그 외중에 새로운 제품을 개발하는 것이
그들의 전략이었다.

그러나 연구비를 받던 대학원 시절과 달리 학교를 벗어나 사업을
계속하려면 얼마간의 사업 자금이 필요했다. 마침 국가에서 중소기
업을 대상으로 대출해 주는 기관이 있다는 사실을 알게 되었다. 그는

돈을 빌리러 기술신용보증기금(kibo)을 찾아갔다. 보증을 받고 싶다고 하자 담당 직원이 이렇게 말했다.

"BS 가져오셨어요?"

"네? BS요? 그게 뭔가요?"

그러자 직원이 변 회장을 쳐다보았다.

"대차대조표도 모르세요?"

이제 막 사업을 시작한 그가 그게 뭔지 알 턱이 없었다. 그는 솔직하게 털어놓았다.

"모르겠는데요."

그러자 직원이 어이없다는 듯 실소했다. 대차대조표도 모르면서 대출을 받으러 온 사람을 처음 보았던 것이다. 대차대조표(BS, Balance Sheet)는 기업이 가진 자산과 남에게 빌린 빚을 기재하는 장부였다. 장부를 통해 기업의 재정 상태를 알 수 있기 때문에 대출을 받을 때 반드시 필요했다. 하지만 그는 그런 기본적인 지식조차 갖고 있지 않았다.

"대차대조표도 모르면서 어떻게 법인 회사를 만들려고 그러세요? 그러지 말고 자영업으로 등록하시는 게 어떠세요?"

직원이 제안했다. 법인으로 등록하려면 절차가 까다로우니 처음에는 개인 사업으로 등록했다가 나중에 규모가 커지면 법인으로 전환하라는 충고였다. 하지만 그는 기술이 뛰어난 창업 멤버들과 지분을 나눠 갖고 어엿한 회사를 차리고 싶었다.

"그래도 법인으로 등록하겠습니다."

“그러세요, 그럼. 초기 BS하고 등기부등본 떼어 가지고 오세요.”

“등기부등본이오? 저, 하숙하는데요.”

그러자 담당 직원은 물론 옆자리 직원까지 웃음을 터뜨렸다. 하숙생 신분으로 대출을 받으러 온 사람은 그가 처음이었던 것이다. 그는 무안했지만 그렇다고 물러설 수는 없었다. 처음부터 모든 것을 완벽하게 준비하고 시작하는 사람은 많지 않을 것이기 때문이었다.

직원들은 한바탕 웃고 나서 맹랑한 청년을 도울 방법을 하나씩 내놓기 시작했다. 그들은 대출 절차에 대해 친절하게 설명해 주었고, 하숙집 등본이라도 떼서 형식을 갖추고, 박사 학위를 이용해 신원을 보증받을 수 있도록 배려해 주었다. 직원들의 선의에 힘입어 변 회장은 대출금을 손에 넣을 수 있었다. 준비가 덜 된 초보 사장이었지만 신고식은 무리 없이 치른 셈이었다.

무엇이든 뚝딱 만들어 내는
막강 엔지니어들

건인시스템은 그럴듯한 사업 계획서나 괜찮은 아이템을 가지고 시작한 회사가 아니었다. 그저 마음 맞는 사람들끼리 무엇이든 해 보겠다고 모인 것에 불과했다. 어떤 제품을 만들지는 이제부터 정해야 했다.

대학원에서부터 가지고 온 프로젝트를 진행하고 있었기에 당분간은 회사를 운영하는 데 무리가 없었다. 하지만 그들에게는 나름의 사업 아이템이 필요했다.

"이제 뭘 하지?"

그들은 매일 아침 테이블에 모여 앉아 서로의 얼굴을 마주 보며 그렇게 물었다. 그들은 각자의 관심사에 따라 다양한 사업 아이템을 테이블 위에 올려놓았다. 일본에서 전자 전시회나 박람회가 열릴 때마다 참석해 눈에 띄는 제품들을 살펴보고 사업 가능성을 타진해 보기도 했다. 그래도 좀처럼 모두의 뜻에 부합하는 제품이 눈에 띄지 않았다.

"어떤 제품을 개발하지?"

그것이 창업 초기 그들의 화두였다.

지금의 창업자들이라면 다소 황당해 보일 수도 있는 풍경이다. 하지만 그들은 창업 후 자그마치 4년이 넘는 시간을 그들이 개발할 수 있는 제품을 구상하고 이런저런 실험적인 시도를 하면서 보냈다. 의욕이 충만한 젊은이들에게 그 시간은 어느 때보다 길게 느껴졌다.

한번은 이런 일도 있었다. 사무실에 출근해 보니 문이 활짝 열려 있고 책상 위의 물건들이 어지럽게 널려 있었다. 도둑이 든 것이다. 가져갈 게 별로 없는 사무실이었지만 가슴이 철렁 내려앉았다. 그들은 심란한 표정으로 잃어버린 물건은 없는지 체크했다. 계측기가 있어야 할 자리가 덩그러니 비어 있었다. 계측기는 사무실에서 가장 값나가는 장비였다.

"그거 어디 가서 팔지도 못할 텐데."

실제로 그 계측기는 제품을 개발하는 사람이 아니고는 쓸 일이 별로 없는 물건이었다. 사무실에서 가장 값비싼 물건을 도둑맞았으니 사무실 분위기가 침울했다. 게다가 언제 또 도둑이 들지 몰랐다. 구멍가게만큼 작은 회사라고 해서 안심할 상황이 아니었다.

"어쩌지?"

그들은 서로를 바라보았다.

"보안 장치를 설치할까?"

하지만 수익도 없는 회사인 데다가 35평짜리 자그마한 사무실에 보안 장치까지 설치한다는 게 내키지 않았다. 그때 멤버 중 한 명이 스프링 공책을 펼치며 말했다.

"까짓것 하나 만들지 뭐."

그는 자신의 아이디어를 그림을 곁들여 설명했다. 그러자 누군가 거기에 아이디어를 보탰고, 다른 누군가가 다시 설계를 보완했다. 순식간에 무인 경보 시스템의 설계 초안이 완성되었다. 설계 초안이 마련되자 엔지니어들은 각자 어디론가 뿔뿔이 흩어졌다. 그리고 얼마 후 전선과 부품을 한 아름 안고 다시 사무실로 돌아왔다. 동네 전파사와 고물상을 뒤져 부품을 조달해 온 것이다. 엔지니어들은 서로 맡은 역할에 따라 사무실 여기저기에 장비를 설치하기 시작했다. 그렇게 무인 경보 시스템이 완성되었다.

"이 정도면 쓸 만할 거야."

엔지니어들은 만족한 듯 손을 털었다. 실제로 경보 시스템을 작동시키자 요란한 경보음이 울리기 시작했다. 무엇이든 뚝딱뚝딱 만들어 낼 수 있는 이런 엔지니어들과 함께한다는 것은 무척 든든한 일이었다. 이제 그들과 함께 세상이 깜짝 놀랄 만한 제품을 만들기만 하면 되었다. 하지만 무엇을 개발해야 할까? 그것이 문제였다.

엔지니어와 사업가, 그 경계선에서

창업 후 5년 동안은 그들이 무엇을 할 수 있을지 시험해 보는 기간 이었다고 해도 과언이 아니었다. 하나같이 엔지니어 출신이었기에 그들은 개발해 보고 싶은 아이템이 많았다. 각자의 관심사에 따라 파 고들어 가다 보면 괜찮은 아이템을 충분히 발굴할 수 있으리라 생각 했다.

그들은 매일 아침 머리를 맞대고 아이디어를 생각해 낸 다음 몇 가 지를 시험 삼아 개발했다. 그중에는 지금 생각해도 제법 괜찮은 아이 템이 더러 있었다.

그 가운데 하나가 자동차 후방 카메라였다. 자동차의 뒷부분 사각 지대를 살피기 위해 장착하는 카메라로 최근에 와서야 보편화된 제 품이다. 그런데 그들은 그 제품을 자그마치 20년 전에 기획했다. 빨 라도 너무 빠른 시도였다. 하지만 그들은 개의치 않았다. 남들이 미처 생각해 내지 못한 제품을 개발하는 것은 엔지니어에게 무척 신나는 일이었다. 하지만 사업은 그런 게 아니었다.

그들이 야심차게 개발한 제품 중에는 MDS(Micro-processor Development System)라는 컴퓨터 개발용 장비도 있었다. 제품의 하드웨어와 소프트웨어를 설계하는 작업을 도와주는 첨단 장비다. 이 장비는 개발하는 데 시간도 많이 걸리고 어려운 기술이 필요했지만, 바로 그 점이 그들의 마음을 사로잡았다. 이를테면 엔지니어의 도전 의식을 자극하는 제품이었던 셈이다.

하지만 그 제품은 개발하는 데 예상외로 많은 투자가 필요했다. 원래는 개발 기간을 1년으로 잡았는데 실제로는 2년이 넘게 걸렸다. 개발 비용도 계속 추가로 들어갔다. 1990년에는 매출액의 1.5배를 개발비로 투자해야 했다.

하지만 그들은 밤샘 작업을 거듭하면서 제품을 개발했고 결국 상당히 완성도 높은 시제품을 개발하는 데까지 이르렀다. 하지만 그 제품이 시장에서 어떤 반응을 얻게 될지는 그들 자신도 확신하지 못했다. 제품 개발에만 의욕을 보였을 뿐 그 제품을 누가 살 것이며, 누구에게 필요한지에 대해서는 심각하게 고민하지 않은 탓이다. 컴퓨터도 익숙하지 않던 시절에 하드웨어와 소프트웨어를 들먹이니 그 제품을 이해하는 사람이 거의 없었다. 결국 몇 년 동안 공들여 개발한 프로젝트는 실패로 돌아가고 말았다.

그들이 개발한 제품이 대개 그런 식이었다. 그들은 시장을 고려하지 않은 채 그저 그들이 관심을 갖고 있고 실력을 발휘해 개발해 보고 싶은 제품을 만드는 데 열중했다. 남들이 하지 못하는 것을 개발해 세상을 놀라게 하고 싶었던 것이다. 호기 있게 시작한 사업이었지만 그들은 여전히 엔지니어였을 뿐 아직 사업가 마인드를 갖추지 못하고 있었다.

기업에서 고객으로, 사업 대상을 바꾸다

창업 초창기에 건인시스템이 변변한 히트 상품 없이도 그럭저럭 유지될 수 있었던 것은 대학원 때부터 하던 기업 대상의 프로젝트를 계속하고 있었기 때문이다. 수익의 바탕이 되어 준 건 '한국전력공사'와의 인연이었다.

당시 우리나라는 전반적으로 기술력이 부족해 발전소 부품이 고장 나면 미국까지 보내서 수리를 해 와야 했다. 국내에서는 부품을 조달할 수도 없고 수리할 기술자도 마땅치 않았다. 그러다 보니 수리하는 데 시간도 오래 걸리고 비용도 많이 들었다.

한국전력공사에서는 그런 문제를 종종 건인시스템에 의뢰했다. 그들이 국내에서 유일하게 그 문제를 해결할 수 있는 노하우와 기술력을 갖고 있기 때문이었다. 그래서 건인시스템은 한국전력공사의 프로젝트를 따내는 것이 어렵지 않았고, 그 프로젝트를 진행하면서 회사 운영에 필요한 자금도 벌 수 있었다.

그런 프로젝트를 진행하는 것은 언제나 변 회장의 몫이었다. 그는 대학원에서도 늘 그런 일을 맡아서 해 왔다. 하지만 학교라는 울타리 안에서 기업을 대하는 것과 창업한 후에 기업 대 기업으로 그들을 대하는 건 상황이 전혀 달랐다.

한국전력공사 같은 기업체는 프로젝트를 진행할 때 보통 입찰 과정을 거친다. 여러 회사에 기회를 주고 그중 가장 조건이 좋은 회사와 계약을 맺는 것이다. 프로젝트를 따내기 위한 기업 간의 경쟁은 상당히 치열했다.

건인시스템은 오직 그들만이 갖고 있는 기술과 노하우가 있었기에 한국전력공사의 프로젝트를 어렵지 않게 따낼 수 있었다. 그런데 대외적으로는 그들도 다른 업체들과 똑같은 입찰 경쟁을 해야 했다. 그때까지만 해도 프로젝트를 따낸 회사가 입찰에서 떨어진 회사에 어느 정도 사례를 하는 것이 관행이었다.

변 회장은 그런 관행을 이해할 수 없었다. 실력으로 당당하게 프로젝트를 따냈는데 왜 다른 회사에 사례를 해야 하는지 납득이 가지 않았다. 학교라는 보호막을 벗어나자마자 한국의 기업 생태계의 불합리한 관행을 맞닥뜨린 것이다. 그는 기업 대 기업으로 하는 사업에 차츰 회의가 들기 시작했다. 기업을 상대하면서 불합리한 점들을 감수하기보다 당당히 실력으로 승부하고 싶다는 욕심이 생겼다.

변 회장은 회사의 기술력으로 좀 더 넓은 시장을 개척해 보고 싶었다. 그래서 고민 끝에 회사 멤버들을 불러 모았다. 그는 멤버들에게 솔직하게 말했다.

"저는 우리가 기업을 상대하는 사업보다 소비자를 대상으로 하는 사업을 했으면 좋겠습니다. 지금처럼 기업을 상대로 제품을 개발하는 것도 좋지만 이왕 시작한 거, 좋은 제품을 개발해서 소비자들에게 파는 게 낫지 않을까요?"

다행히 회사 멤버들도 그의 의견에 동의해 주었다. 뼛속까지 엔지니어였던 그들에게는 좋은 제품을 개발할 수만 있다면 그 대상이 기업이 됐든 소비자가 되었든 별 상관이 없었다. 오히려 회사의 방향 전환을 우려한 것은 권 교수였다. 그는 안정적인 수입원이 될 수 있는 기업의 프로젝트를 포기하고 소비자를 대상으로 한다는 게 모험이라고 생각했다.

하지만 변 회장은 이미 결심이 선 상태였다. 기업이 아니라 소비자를 상대로 사업을 하겠다는 것, 그것은 변 회장이 회사 대표로서 처음으로 내린 의미 있는 결정이었다.

비로소 시장에 눈을 뜨다

'기업이 아니라 소비자를 상대로 제품을 팔자.'

사업의 큰 방향성은 정해졌지만 아직 결정해야 할 것들이 남아 있었다. 기업을 대상으로 프로젝트를 진행할 때는 그 기업이 원하는 기술만 개발해 주면 되었다. 하지만 소비자를 대상으로 제품을 개발한다는 것은 말처럼 쉽지 않았다. 소비자들이 대체 무엇을 원하는지 생각할수록 막연하기만 했다. 그것을 아는 데까지 그들은 또 여러 번의 시행착오를 거쳐야 했다.

물론 제품을 개발하는 그들만의 기준이 있었다. 그들은 창업을 논의하던 때부터 목표를 아주 크게 잡았다. 5년 뒤에는 백억 원, 10년 뒤에는 천억 원의 매출을 올리는 회사를 만들자고 의기투합했다. 그 때는 현실을 잘 몰랐으니 그게 어떤 의미인지도 모른 채 가능한 한 큰 목표를 잡았다. 하지만 그런 목표가 있었기에 아무 제품이나 마구

잡이로 개발하지는 않게 되었다.

예를 들어 어떤 제품을 개발하자는 아이디어가 나왔을 때, 그게 백억 원 이상의 매출을 올릴 수 없다고 판단되면 그들은 아예 시도조차 하지 않았다. 덕분에 많은 아이디어들을 걸러 낼 수 있었다. 우습게도 이런 엉성한 포부가 사업 아이템을 결정하는 데 좋은 기준이 되어 주었다.

그러나 아주 우연한 계기에 고객의 반응을 처음으로 접하게 되었다. 그들은 산업용 공장 자동화 프로젝트를 진행할 때 익힌 기술로 또 다른 제품을 하나 개발했다. 바로 '컴퓨터용 영상 처리 보드'였다. 카메라에 잡힌 영상 신호를 디지털로 전환해 컴퓨터에 저장하고 그 데이터를 분석할 수 있게 해 주는 장비였다.

그들은 관련 전문 잡지에 제품의 광고를 실었다. 먼저 엔지니어 관점에서 제품이 지닌 효용을 자세히 설명하고 맨 마지막에 자막 기능이 있다는 점을 덧붙였다. 자막 기능은 엔지니어에게는 대수롭지 않은 기술이었기 때문이다. 하지만 고객들의 문의는 모두 자막 기능 하나에만 집중되었다. 변 회장은 그제야 무릎을 탁 쳤다.

"아, 이런 게 바로 고객이 원하는 제품이구나."

그동안 그들은 줄곧 자기들이 만들고 싶은 것을 만들었다. 그들의 기술로 개발이 가능하고 또 그들이 개발하고 싶은 제품들 위주로 기획했다. 엔지니어로서 기술력을 마음껏 뽐낼 수 있는 제품에만 관심을 가졌던 것이다.

하지만 고객들의 요구는 따로 있었다. 그들은 엔지니어들이 얼마나 복잡하고 어려운 기술을 개발해 제품을 만들었는지는 관심이 없었다. 고객들이 원하는 것은 실생활에 사용할 수 있는 실용적인 기술이었다. 그는 예상치 못한 고객 반응을 접하고 나서야 비로소 시장이 무엇인지 어렴풋이 인식하게 되었다.

"사업이란 우리가 만들고 싶은 것을 만드는 게 아니라 사람들이 필요로 하는 걸 만드는 것이구나."

그들은 곧장 고객들의 요구를 반영해 자막을 입히는 기능만 전문적으로 구현한 제품을 출시했다. 텔레비전 화면에 글씨를 입히는 기술은 지금은 너무나 보편적이지만 당시에는 흔치 않았다. 하지만 그 기술을 필요로 하는 잠재 고객은 생각보다 많았다.

건인시스템이 개발한 자막 처리 보드는 구청 같은 공공기관에서 텔레비전 모니터로 소식을 전할 때 사용되었고, 예식장에서 신랑 신부 사진 위에 글씨를 삽입하는 데도 사용되었다. 볼링장에서 점수를 표시하는 용도로도 쓰였다. 그 기술이 그렇게 다양한 방식으로 사용될 수 있다는 걸 그들은 미처 알지 못했다.

흥미로운 건 그 기술이 전혀 예상치 못한 흐름을 타면서 그들이 그토록 바라던 성공을 맛보게 해 주었다는 사실이다. 그 기술이 가장 많이 쓰인 곳은 당시 막 붐이 일기 시작한 노래방 산업이었다. 어느 날 부산 광안리에 노래방 1호점을 낸 노래방 제조업체 사장이 건인시스템의 사무실을 찾아왔다.

"지금 부산에서 노래방이 아주 인기거든요. 건인시스템이 영상 자막을 입히는 기술을 갖고 있다면서요? 그 기술을 우리가 개발하는 노래방 기기에 사용해 보고 싶습니다."

노래방 제조업체 사장은 텔레비전 화면에 노래 가사가 자막으로 표시되는 그런 기계를 만들고 싶어 했다. 변 회장은 그와 함께 부산에 내려가 사람들이 노래방에 얼마나 열광하는지를 직접 확인했다. 사장의 말대로 노래방 앞에 늘어선 줄은 줄어들 줄 몰랐다. 가능성이 있는 사업이었다. 그들은 곧 노래방 기기에 쓰일 더욱 전문화된 자막처리 보드를 개발했고, 노래방 산업의 호황에 따라 매출도 급증했다. 비로소 변 회장은 시장에 눈을 뜨게 되었다.

'시장이 원하는 제품을 만든다.'

그것이 변 회장이 창업하고 나서 두 번째로 내린 의미 있는 결정이었다.

패러다임이 바뀔 때 기회가 있다

자막 처리 보드의 성공으로 어느 정도 자금의 여유가 생겼지만 아직 제대로 된 사업 분야가 결정된 것은 아니었다. 변 회장은 그제야 회사가 어떤 분야에서 승부를 볼 수 있을지 고민하기 시작했다. 실제로 자막 처리 보드의 성공은 우연히 찾아온 성공에 가까웠다. 언제까지 주먹구구식으로 제품을 개발하면서 우연에 기댈 수는 없었다.

처음에는 회사가 어떤 분야에서 사업을 해 나갈지 아무것도 모른 채 그저 뜻 맞는 사람들을 모아 창업했다. 그다음에는 기업을 상대로 하는 사업에서 소비자를 상대로 하는 사업으로 전환했다. 그러면서 그들이 만들고 싶은 게 아니라 고객이 원하는 제품을 만들어야 한다는 사실을 깨달았다. 이제 그러한 깨달음을 바탕으로 어떤 분야에서 승부를 볼 수 있을지 판단해야 했다. 그 선택에 따라 회사가 잠깐 성공한 회사로 남을지 아니면 지속적으로 성장하는 회사가 될지 결정될 터였다.

그 무렵 사업을 조금씩 배워 가던 변 회장은 '산업의 패러다임이 변할 때 기회를 발견해야 한다'는 생각을 갖고 있었다. 아날로그 기술에 기반을 둔 가전 산업이 디지털 가전 산업으로 바뀌어 갈 것이란 전망이 조금씩 나오기 시작하던 차였다. 게다가 가전 산업은 우리나라도 어지간한 경쟁력이 있기 때문에 그들이 세계 시장에 나가서도 충분히 싸워 볼 만한 분야였다.

"그동안 고민해 봤는데 회사의 사업 분야를 디지털 가전 사업으로 정하는 게 어떨까 해요."

"디지털 가전이오?"

엔지니어들은 그 결정이 무엇을 의미하는지 선뜻 이해하지 못하는 표정이었다. 누군가 조심스레 물었다.

"하지만 가전 산업은 이미 쟁쟁한 회사들이 선점하고 있는데 과연 우리가 거기서 살아남을 수 있을까요?"

실제로 작은 성공을 거두긴 했지만 건인시스템은 여전히 존재감이 미미한 작은 회사였다. 하지만 변 회장은 그 사실이야말로 그들이 새로운 사업에 뛰어들 수 있는 이유라고 생각했다.

"저는 오히려 우리 회사가 작은 회사이기 때문에 변화에 발 빠르게 적응할 수 있을 거라고 생각해요. 대기업 가전 회사들은 원래 하던 아날로그 가전 사업에 익숙해져 있어서 새로운 흐름에 발 빠르게 대응하기 어려울 거예요. 안정적으로 구축되어 있는 아날로그 기술을 포기하기도 어렵고, 규모가 크다 보니 조직 개편도 신속하게 진행하기 어렵죠. 하지만 우리는 달라요. 우리처럼 새로 뛰어드는 회사는 사업을 전환할 필요도 없고 곧장 시작하기만 하면 되잖아요. 안 그래요?"

몇몇 직원들이 고개를 끄덕였다. 그러자 누군가 또 이렇게 물었다.

"그런데 하고 많은 분야 중에 왜 하필 가전 산업이에요? 디지털을 접목할 수 있는 분야는 꽤 많잖아요."

"그건 세계 시장에 진출하려면 우리나라가 경쟁력 있는 분야가 우리 회사에도 유리하다고 봤기 때문이에요."

변 회장은 자신 있게 대답했다.

그들은 아직 창업 단계에 있는 작은 회사였지만 처음 시작할 때부터 생계를 유지할 정도의 고만고만한 사업을 꾸리겠다고 생각해 본 적이 없었다. 그들은 꿈이 컸다. 조만간 백억 원, 천억 원을 벌어들이는 회사로 성장하고 싶었다. 그러려면 한국 시장에 머물지 않고 세계 시장을 목표로 삼아야 했다.

그때부터 건인시스템은 '디지털 가전 사업'을 주력 분야로 삼았다. 하지만 막상 디지털 기술을 사용한 가전제품을 만들려고 보니 막막하기만 했다. 어떤 제품이 시장 수요가 있을지 예측하기가 어려웠다. 고민 끝에 변 회장은 조심스레 제안했다.

"그래서 말인데, 가정용 노래 반주기를 만들어 보는 건 어떨까요?"

변 회장 생각에는 당시의 디지털 기술로 만들어 팔 수 있는 유일한 제품이 가정용 노래 반주기 같았다. 하지만 엔지니어들의 반응은 시큰둥했다.

"우리가 고작 노래 반주기나 만들려고 창업한 건 아니잖아요."

그들은 더 그럴듯한 제품을 개발하기를 원했다. 남들이 생각하지 못한 신제품을 개발해 세계를 깜짝 놀라게 하고 싶었다. 변 회장도 그들의 심정을 모르는 건 아니었다. 다만 그들이 할 수 있는 기술을 가지고 디지털 가전제품을 만든다면 가정용 노래방 기기가 가장 현실적인 아이템이라고 생각한 것뿐이었다.

하지만 엔지니어들 사이에 합의점을 찾기가 어려웠다. 의견을 조율하는 사이에 어느새 6개월이 훌쩍 지나가 버렸다. 창업 후 그토록 의견이 갈린 것은 그때가 처음이었다. 회사는 반 년 동안 다음 아이템을 결정하지 못한 채 정체 상태에 빠져 있었다. 그리고 결국 '가정용 노래 반주기'에 만족하지 못한 창업 멤버 한 명이 회사를 떠났다.

변 회장은 더 이상 지지부진한 상태로 시간을 끌 수 없다고 판단했다. 그래서 가정용 노래 반주기 개발을 강력하게 밀어붙였다. 그렇게 해서 디지털 기술을 접목한 가정용 노래 반주기가 세상에 나오게 되었다. 건인시스템이 제작한 첫 번째 디지털 가전제품이었다. 그들은 신문에 제품에 대한 전면 광고를 실었다. 카피는 이렇게 적었다.

'소니에의 도전!'

구멍가게만 한 회사가 당시 세계에서 가장 잘나가던 회사에 도전장을 내민 것이다. 아마 그 광고를 본 사람들은 어처구니가 없어서 실소를 했을지도 모를 일이다. 하지만 그들은 허세를 부린 것이 아니었다. 그들은 건인시스템이 언젠가 소니처럼 큰 회사로 성장하리라 진심으로 믿었다.

사업 초보, 유통을 배우다

개발 과정에서부터 쉽게 풀리지 않던 가정용 노래 반주기는 판매하는 데에도 애를 먹었다. 제품이 출시된 후 영업팀은 전국의 주요 유통 상가를 돌며 제품 반응을 시험했다. 결과는 매우 실망스러웠다. 유통 상가들이 제품 판매에 거의 관심을 보이지 않았다.

가전제품 유통을 경험해 본 적이 없었던 변 회장은 물어물어 청계천과 용산 전자상가를 찾아갔다. 거기에 대형 가전제품을 유통하는 총판들이 있다는 사실을 알아냈기 때문이다. 그들은 국내 대기업의 텔레비전이나 냉장고 같은 가전제품의 도매는 물론이고, 해외 전자 제품도 취급하는 전자 제품 유통의 '큰손'들이었다. 변 회장은 그들이라면 가정용 노래 반주기를 잘 팔아 주리라 기대했다.

제품 설명을 하고 다행히 그들과 총판 계약에 성공했다. 제품을 맡기고 나서 그들의 유통력에 내심 기대를 갖고 지켜보았다. 그러나 제품 판매는 지지부진했다. 그들은 건인시스템의 제품을 애정을 갖고 판매하지 않았고 머지않아 그럴 이유도 없다는 사실을 알게 되었다.

사람들은 노래방은 들어봤지만 가정용 노래 반주기가 있는 줄은 잘 몰랐다. 그런 제품이 있다는 사실도 모르는 고객에게 물건을 팔기란 쉽지 않은 일이었다. 총판 입장에서는 건인시스템의 가정용 노래 반주기는 수많은 취급품 중 하나에 불과했고 팔려도 그만 안 팔려도 그만인 제품에 지나지 않았다. 때마침 대기업에서도 건인시스템과 비슷한 가정용 반주기를 출시했다는 소식이 들려왔다. 건인시스템의 입지는 더욱 좁아졌다.

변 회장은 그런 식으로는 가정용 노래 반주기를 판매하기 어렵겠다는 결론에 이르렀다. 그렇다면 어떻게 해야 할까? 보통은 그럴 때 시장의 한계를 느끼고 판매를 포기하거나 어떻게든 기존 유통 시장에 편입하려고 갖은 노력을 다할 것이다. 하지만 변 회장은 달랐다. 그는 사회에 뛰어들 때도 다른 사람들이 가는 일반적인 길을 따르는 대신 창업이라는 모험을 시도했다. 이번이라고 그러지 말란 법은 없었다.

그는 먼저 대형 유통 총판 사장들을 일일이 찾아가 건인시스템과의 계약을 해지해 줄 것을 요청했다. 그들이 계약 해지를 거부하면 방법이 없었지만 다행히 그들은 동의해 주었다. 그다음에 그는 비록 유통 경험은 없어도 건인시스템의 가정용 노래 반주기만을 애정을 갖고 팔아 줄 사람들을 찾아 지역 단위로 총판을 맡겼다. 건인시스템의 제품 판매가 유일한 수입원이어서 최선을 다해 건인시스템의 제품을 팔아 줄 사람들에게 유통을 맡긴 것이다.

그들은 건인시스템의 영업팀과 협력해 전국에 산재해 있는 수천 개의 대기업 유통 대리점을 일일이 찾아다니며 제품을 판매했다. 건인시스템의 전속 대리점은 아니지만 전국적으로 건인시스템의 제품을 판매하는 유통망을 구축한 셈이다.

기존에 있는 유통망을 이용하는 것은 누구나 할 수 있는 일이다. 그리고 대부분의 사람들은 기존 유통망에서 별 효과가 없을 때 방법이 없다고 생각하고 포기하기 마련이다. 그런데 변 회장은 기존의 방법이 효과가 없다고 판단될 때 기존 관행을 과감하게 끊고 유통망을 새로 개척했다. 그런 시도가 있었기에 시장의 주목을 받지 못할 뻔했던 건인시스템의 가정용 노래 반주기는 대기업 제품을 제치고 국내 시장 점유율 1위를 차지할 수 있었다. 변 회장은 가정용 노래 반주기 사업의 성공은 반은 제품에 있고 반은 유통에 있었다고 평가한다.

실패와 기꺼이 동업하라

변 회장은 창업을 하고 회사를 경영하면서 한 번도 시행착오 없이 그냥 넘어가 본 적이 없었다고 말한다. 오죽하면 스스로를 '실패 전문가'라고 칭하겠는가. 기업 경영을 하면서 겪어 보지 않은 실패가 없기 때문이다.

창업 자금을 대출받을 때부터 제품 개발 과정, 제품을 유통해 소비자에게 판매하기까지 한 번도 운 좋게 그냥 넘긴 적이 없었다. 언제나 시행착오를 거치면서 배웠고 문제점을 개선하며 더 나은 답을 찾아 나갔다. 그런 과정에서 조금씩 사업 감각을 터득하기 시작했고, 좀 더 의미 있는 결정을 내릴 수 있게 되었다.

실제로 견인시스템은 시장 반응을 얻기까지 약 5년간을 별다른 히트 상품 없이 시행착오만 반복했다. 그런 시행착오를 통해서 차츰 시장을 알게 되었고, 방향을 잡아 나갈 수 있었다. 중요한 것은 그들이 그 과정에서 한두 번의 실패쯤은 대수롭지 않게 여겼다는 점이다. 휴맥스 창업 멤버인 이용훈 전무는 이렇게 말했다.

"혁신하기 위해서는 실패에서 자유로워야 합니다. 한두 번의 실패는 혁신의 본질적인 요소거든요. 그게 받아들여지지 않는 사회에서는 혁신이 일어나기 어렵습니다."

사실 창업 멤버들이 대학교를 다닌 1980년대에는 사회적 분위기가 지금보다는 실패에 대해 훨씬 관대했다. 당시에는 한두 번 실패한다고 해서 그리 큰 문제가 되지 않았고, 얼마든지 차선을 선택할 수 있었다. 게다가 그 당시에는 서울대학교 졸업장만 있으면 대여섯 군데의 직장을 골라서 갈 수 있었다.

그렇다고 건인시스템의 창업 멤버들의 선택이 가치가 없는 것은 아니다. 그들은 충분히 안정된 미래가 보장된 상황에서도 창업이라는 새로운 모험을 시도했다. 자신들의 기술력을 마음껏 펼쳐서 시장에서 인정받고 싶어 했다. 그들은 실패한다고 해서 그것이 끝이라고는 생각하지 않았다. 그것이 창업이라는 새로운 결정을 내릴 수 있었던 가장 강력한 요인이었다.

반면에 최근의 한국 사회는 좀처럼 실패를 용인하지 않는 분위기가 팽배하다. 게다가 명문대 입학, 대기업 입사라는 길을 따르지 않으면 낙오자로 평가하는 분위기가 만연해 있다. 젊은 세대는 기존 질서에 편입하기 위해 입시 공부에 매달리고, 스펙을 쌓아 어떻게든 대기업이나 공무원 등 안정된 직장에 취직하기 위해 고군분투한다.

개인만 그런 것이 아니다. 정부 과제에서 최근 우리나라 중소기업의 연구 개발 과제 성공률은 96퍼센트에 육박한다. 미국에서 가장 많은 예산을 투자하는 미국국립보건원(NIH)의 과제 성공률이 16퍼센트인 것에 비하면 기형적으로 높은 수치다. 이는 처음부터 실패할 가능성이 높은 과제를 아예 채택하지 않기 때문에 나타난 결과이다. 이렇게 실패가 용인되지 않는 사회에서는 혁신이 이루어지기 어렵다.

25년 전과 달리 지금 젊은 세대에게는 한두 번의 실패를 용납할 만한 여유가 없는 것이 사실이다. 그리고 현실적으로도 창업 후에 의미 있는 성장을 이루는 기업은 전체 기업 중 극소수에 지나지 않는다. 때문에 젊은 세대들이 성공을 바라고 창업에 뛰어든다는 것은 위험 요소가 매우 큰일이다. 하지만 그렇다고 해서 창업 같은 새로운 도전을 시도하는 것이 아무 의미가 없는 일일까? 그렇지 않다. 비록 창업 회사의 99퍼센트가 실패한다고 해도 새로운 아이디어를 테스트해 본 시도 자체는 개인적으로나 사회적으로 엄청난 자산이 된다.

변 회장과 휴맥스의 창업 멤버들은 젊은 세대들이 기존 질서에 편입하기 위해 열정을 쏟아붓는 대신 스스로의 역량을 마음껏 쏟아부을 수 있는 일을 찾는 데 좀 더 과감해지라고 권한다. 용감하게 도전한 이들 대부분이 1퍼센트의 성공 사례 안에 들기는 어렵지만 그것이 끝은 아니다. 그런 도전들이 다음 선택을 하는 데 중요한 자산이 되기 때문이다.

다만 벤처를 창업할 때는 무조건 성공하리라고 낙관하기보다는 실패에 항상 대비하는 자세를 갖는 것이 바람직하다. 창업할 때부터 실패에 대한 전략을 미리 세우고 대비한다면 비록 실패한다 하더라도 유연하게 대처할 수 있기 때문이다.

3

때로는
모든 것을
걸어야 한다

건인시스템의 엔지니어들은

그들이 세계 수준의 기술력을

갖고 있다고 진심으로 믿었다.

하지만 직접 맞닥뜨린 현실은

기대와 달랐다.

세계 시장에 진출하기 위해서는

아직 보완해야 할 것들이 많았다.

한마디로 그들은 우물 안 개구리였다.

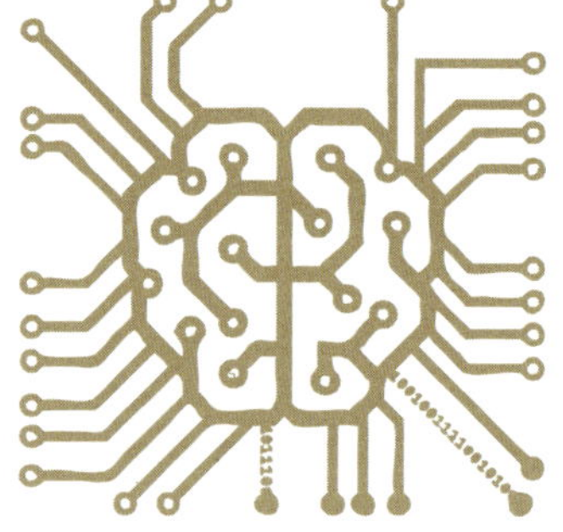

셋톱박스에 '올인' 하다

가정용 노래 반주기의 성공으로 건인시스템 엔지니어들은 가전제품에 대한 기술을 구축할 수 있었다. 그들은 서둘러 후속 상품 기획에 나섰다. 그렇게 탄생한 제품이 바로 '비디오 CD 플레이어'였다.

비디오 CD 플레이어는 CD에 담긴 동영상을 재생하는 기기였다. 지금은 다소 생소한 기기지만 전문가들은 이 기기가 당시 유행하던 비디오 카세트 녹화기(VCR)를 대체하리라 전망했다. 휴맥스는 발 빠르게 대응했고, 세계적으로도 매우 초창기에 제품을 개발할 수 있었다.

비디오 CD 플레이어는 중국에 수출되어 꽤 좋은 반응을 얻었다. 그러나 아쉽게도 중국 외에 다른 나라에서는 빛을 보지 못했다. 곧바로 DVD 플레이어가 나왔기 때문이다. 전문가들의 예상이 빗나간 것이다.

휴맥스의 제품은 곧 중국 시장에서도 밀려났다. 품질 문제도 있었지만 시장 동향을 제대로 살피지 못하고 중국 현지 상황에 제대로 대응하지 못한 것이 원인이었다. 회사로서는 다시 새로운 제품 개발에 나서야 했다.

고심하던 차에 기회가 왔다. 1995년 초 한 대기업 종합 상사에서 제품 개발 가능성을 타진해 왔다. 그 종합 상사는 국내에서 생산된 다양한 제품을 해외에 수출하는 사업을 전문적으로 하는 회사였다.

"이번에 호주 방송국에 입찰하려고 하는 제품이 있는데 건인시스템과 함께 개발해 보고 싶습니다. 어떠십니까?"

대기업이 수출하는 제품이라면 시장 규모가 제법 클 것이었다. 변 회장은 개발하려는 제품이 무엇인지 물었다.

"위성 셋톱박스입니다. 위성 방송을 수신하는 수신기 말입니다."

당시 건인시스템은 위성 셋톱박스를 만들어 본 경험이 없었다. 그래서 변 회장은 다시 물었다.

"위성 셋톱박스라면 개발하는 회사가 여럿 있을 텐데 왜 굳이 우리를 찾아오신 겁니까?"

그러자 종합 상사 담당자가 말했다.

"맞습니다. 그런데 호주에서 요구하는 제품이 단순한 아날로그가 아니라 디지털 제품이라서요. 여러 군데 제의해 봤는데 복잡한 디지털 회로와 소프트웨어를 개발할 수 있는 기술력을 가진 회사는 거의 없더군요. 건인시스템은 그것이 가능하지 않을까 싶었습니다."

변 회장은 종합 상사에서 제시한 입찰 안내서를 검토해 보았다. 한

눈에 봐도 설계가 쉽지 않은, 기술적으로 매우 어려운 사양의 제품이었다. 국내에서는 대기업이 아니면 쉽게 개발을 시도하기 어려운 제품이었다.

당시에 건인시스템은 직원이 몇 명 되지 않는 중소기업이었다. 그런 회사가 대기업에서도 선뜻 시도하기 어려운 제품을 개발해야 하는 것이었다. 하지만 건인시스템의 엔지니어들은 디지털 회로와 소프트웨어를 설계하는 기술력에서 결코 대기업에 뒤지지 않는다고 생각했다.

실제로 그 일이 있기 얼마 전 건인시스템은 국내 대기업의 텔레비전에 노래방 기능을 구현하는 반도체 칩을 설계해 납품한 적이 있었다. 그 칩은 매우 설계가 복잡한 것이었지만 건인시스템의 엔지니어들은 단 한 번 만에 설계에 성공했다. 그만큼 그들은 기술력에서만큼은 자부심을 가지고 있었다.

게다가 셋톱박스는 건인시스템이 추구하는 사업 방향과도 잘 맞았다. 그들이 진입하고자 하는 디지털 가전제품 분야였고, 가정용 노래반주기에 사용했던 기술과 그 뿌리가 같았다.

"좋습니다. 한번 해 봅시다."

변 회장은 흔쾌히 수락했고 곧바로 제품 개발에 들어갔다.

건인시스템은 종합 상사와 협력해 '디지털 위성 셋톱박스'의 개발에 착수하는 동시에 'DVD 플레이어' 개발도 시작했다. DVD 플레이어는 당시 떠오르는 디지털 가전제품의 대표 격이라고 할 수 있는 제품이었다. 건인시스템은 두 제품 모두 개발해 본 경험이 전혀 없었지만 디지털 가전을 사업 분야로 정한 이상 그것은 당연한 도전이었다.

하지만 금세 두 마리 토끼를 쫓기는 어렵다는 사실이 드러났다. 회사 규모로 보나 제품의 난이도로 보나 한꺼번에 두 가지 제품을 개발한다는 것은 역부족이었다. 당시 건인시스템의 엔지니어들은 디지털 회로를 설계하고 소프트웨어를 개발하는 능력은 갖고 있었지만 셋톱박스에 대해서는 무지했다. 특히 위성으로부터 전파를 수신하는 기술은 전무했으며 방송 기술에 대한 이해도 초보적인 수준에 불과했다. 더구나 DVD 플레이어에 필요한 'Deck'라는 기계 부분은 완전히 뿌리가 다른 기술 분야였다. 변 회장은 결국 DVD 플레이어의 개발을 포기하고 셋톱박스 개발에만 집중하기로 결정했다.

디지털 위성 셋톱박스는 인공위성에서 전파를 수신하는 일종의 수신기다. 방송국에서 지구 밖 인공위성에 전파를 발신하면 인공위성이 그 신호를 받아 지상으로 되돌려 준다. 그러면 각 가정에 설치된 안테나가 신호를 받아 셋톱박스에 보내고, 셋톱박스를 텔레비전에 연결하면 방송을 시청할 수 있게 된다.

문제는 방송 전파가 지형이나 날씨에 영향을 많이 받는 매우 민감한 신호라는 사실이었다. 위성에서 보내오는 신호를 정확하게 수신하기 위해서는 고도의 정밀한 기술이 필요했다. 막상 시작해 보니 기술의 난이도가 처음 예상했던 것보다 훨씬 높았다. 자그마한 중소기업의 역량을 모두 쏟아부어도 성공을 장담하기 어려웠다. 결단이 필요한 시점이었다.

변 회장은 먼저 가정용 노래 반주기 사업을 정리하기로 했다. 가정용 노래 반주기는 인기가 한풀 꺾이긴 했지만 꾸준히 수익을 내 주는 효자 상품이었다. 그러나 엔지니어들은 현재 생산 중인 제품만 판매하고 추가로 신제품을 개발하지 않기로 했다. 작은 이익에 연연할 상황이 아니었다. 그다음으로 이제 막 손대기 시작한 '공장 자동화 장비' 사업에서도 철수했다. 그건 제어계측공학의 특성을 살려 시작한 사업이었고 건인시스템이 잘할 수 있는 분야였지만 아쉽게도 빛을 보지 못했다.

변 회장은 추진하던 사업을 차례로 정리하고, 셋톱박스 개발에만 온 역량을 집중시켰다. 엔지니어들을 전부 셋톱박스 개발 부서로 이동시키고 연구 개발에 총력을 기울였다. 셋톱박스에 회사의 사활을 건 셈이었다.

"지금 같으면 그간 해 오던 사업을 전부 접고 신규 사업에 '올인'하지는 못했을 겁니다. 하지만 그때는 기회를 놓치고 싶지 않았습니다. 작은 회사가 큰 프로젝트를 감당하려면 어쩔 수 없는 선택이었죠."

아시아 최초 디지털 셋톱박스를 개발하다

각오를 단단히 하고 시작한 일이었지만 셋톱박스 개발은 예상을 넘어설 만큼 힘겨웠다. 당시 셋톱박스는 세계적으로도 막 개발되고 있는 시점이어서 국내에 기술을 가르쳐 줄 전문가가 없었다. 건인시스템의 엔지니어들은 처음부터 끝까지 직접 시행착오를 거듭하면서 개발을 해야 했다.

특히 위성 신호를 수신하는 기술은 어떤 설계보다 까다로웠다. 맑은 날에는 수신율이 높다가도 흐리거나 비가 오는 날이면 여지없이 수신율이 바닥을 쳤다. 제품을 소비자에게 판매하려면 날씨에 상관없이 신호를 정확하게 수신할 수 있어야 했다. 이 문제를 해결하느라 연구소장은 오랜 시간 골머리를 앓았다.

한번은 변 회장이 외근 나갔다 들어오니 연구소장이 골똘히 무언가에 몰입하고 있었다. 가만 보니 대학원 때 공부했던 전공 교과서를 꺼내 놓고 복잡한 수식을 풀고 있었다.

"수신 성능을 개선시키기 위한 방법을 찾고 싶어서 말이야."

그는 회로 설계에 있어서는 최고 수준의 엔지니어였다. 그렇게 뛰어난 엔지니어가 교과서를 다시 꺼내서 수식을 풀어 가면서 방법을 찾을 정도로 셋톱박스 개발은 쉽지 않은 일이었다.

이런 우여곡절 끝에 드디어 시제품이 완성되었다. 하지만 시제품 완성은 시작에 불과했다. 물건을 납품하려면 방송 규격에 맞는지 인증 테스트를 거쳐야 했다. 엔지니어들은 개발 중이던 기기와 각종 장비, 부품을 싣고 인증 센터가 있던 남아프리카공화국과 방송국이 있는 이탈리아로 날아갔다. 아직 현지 테스트가 남아 있었다.

현지 사정은 열악하기 짝이 없었다. 호텔에 투숙한 엔지니어들은 그날부터 숙소에서 방송국의 규격에 맞는 제품 개발에 매달렸다. 한쪽에는 안테나와 부품들이 널려 있고, 다른 쪽에서는 밤낮으로 개발이 계속되었다. 엔지니어들은 피곤에 못 이겨 침대에 누워 한두 시간씩 쪽잠을 잤다.

방송국의 인증 절차가 워낙 까다로워 통과가 쉽지 않았다. 게다가 셋톱박스 산업은 당시 초창기였기 때문에 방송국에서도 새로운 기능을 연일 추가하고 있었다. 오늘 문제를 해결하면 내일 다시 새로운 기능이 추가되었다. 엔지니어들은 움직이는 목표점을 따라잡아야 했고 목표점은 계속 앞으로 달려가고 있었다. 영원히 목표점에 다다르지 못할 것 같은 불안감을 떨쳐 낼 수 없었다. 엔지니어들은 낮에는 방송사에 가서 셋톱박스 테스트를 받았고, 밤에는 호텔로 돌아와 지적받은 문제를 해결해 나갔다. 지적받은 문제나 추가해야 할 기능을 보완하기 위해 다시 수정과 개발 작업에 매달렸다. 밤을 지새우는 경우도 허다했다. 그러고 나서 이튿날 다시 방송국에 찾아가 테스트를 받았다. 이런 일이 반복되자 외국 방송국 엔지니어가 나중에는 이렇게 이야기했다.

"아니, 당신들은 잠도 없어요? 어떻게 어제 지적한 문제를 오늘 고쳐 가지고 올 수 있죠? 미친 거 아니에요?"

외국 방송국 엔지니어의 말처럼 건인시스템의 엔지니어들은 셋톱박스 개발에 미쳐 있었다. 원하는 사양의 셋톱박스를 개발하기 위해서 엔지니어들은 능력을 한계까지 밀어붙일 수밖에 없었다.

하지만 그런 열정과 노력에도 불구하고 셋톱박스는 쉽게 완성되지 않았다. 결국 셋톱박스는 예정했던 기한을 훌쩍 넘겨 개발에 착수한 지 1년 반도 더 지난 1996년 10월에야 완성할 수 있었다. 기한은 넘겼지만 그래도 세계에서 세 번째, 아시아에서는 최초로 유럽 규격을 만족하는 디지털 위성 셋톱박스를 개발했다. 세계적인 수준의 일본 전자 업체도 이루지 못한 성과였다.

셋톱박스 첫 완성품은 개발이 예상보다 지연된 탓에 애초에 목표했던 호주 시장에는 납품하지 못했다. 하지만 곧 이탈리아와 남아프리카공화국에서 주문이 들어왔다. 셋톱박스를 싣고 부산에서 출항하는 선박을 지켜보던 날, 변 회장은 절로 가슴이 뜨거워졌다.

　첫 선적을 시작으로 건인시스템은 1996년 4분기 동안에만 무려 천만 달러를 벌어들였다. 이 추세대로라면 이듬해에는 수출액이 오천만 달러를 가볍게 넘길 것으로 예상되었다. 한마디로 '대박'이었다. 건인시스템은 기대에 들떠 추가 생산 준비에 들어갔다.

　"사장님, 이번에 구매할 부품입니다. 결재해 주십시오."

　자재 구매 담당자가 내민 서류에는 이전에 보지 못했던 큰 액수의 숫자가 적혀 있었다. 하지만 예상된 수출 물량을 감당하려면 그 정도는 확보해야 할 것 같았다. 변 회장은 흔쾌히 서류에 사인했다.

　"좋습니다. 그대로 진행하세요."

　예상 주문에 대비하기 위해 필요한 부품들의 구매 발주서가 부품 업체들에게 속속 전달되었다. 주문이 밀려들어 물량을 맞추지 못할까 봐 걱정이 앞섰다. 미래가 온통 장밋빛이었다.

벼랑 끝에 선 견인시스템

하지만 세상은 그리 호락호락하지 않았다. 셋톱박스 첫 모델은 열정과 정성을 다해 개발한 기기가 틀림없었다. 그러나 완벽한 제품은 아니었다. 각종 검사를 통과했지만 허점이 전부 걸러진 것은 아니었다. 인정하기 싫지만 제품은 문제투성이였다. 셋톱박스를 수출하고 나서 얼마 지나지 않아 수출을 대행하는 종합 상사에서 전화가 걸려왔다.

"수출 제품에서 심각한 품질 불량 문제가 발생했습니다. 처리해 주셔야겠습니다."

변 회장은 불량 문제를 해결하기 위해 이탈리아와 남아프리카공화국으로 엔지니어들을 급파했다. 하지만 상황이 낙관적이지 않았다. 판매된 셋톱박스에서 속속 문제가 드러나기 시작했다. 불량 신고 접수가 끊이지 않았다. 걷잡을 수 없는 수리 요청이 밀려들었다.

문제는 그뿐만이 아니었다. 그 무렵 수출을 기대했던 유럽의 대형 방송사가 다른 방송사에 합병되었다는 소식이 들려왔다. 셋톱박스를 수출할 수 있으리라고 기대했던 큰 시장이 하루아침에 사라진 것이다.

결국 오천만 달러 수출을 예상했던 1997년에 건인시스템은 단 한 대의 셋톱박스도 수출하지 못했다. 판매는커녕 제품 수리를 감당하는 일만도 벅찼다. 직원들 대부분이 정상적인 업무를 하지 못하고 해외에 나가 제품 수리에 매달려야 했다. 일부 제품은 한국으로 반품받아 문제를 해결하기도 했다. 불량으로 판정된 제품들이 하나둘씩 항구로 되돌아왔다.

판매가 끊긴 와중에 제품 수리에만 매달리다 보니 자금이 빠르게 바닥나기 시작했다. 주문에 대비해 부품을 과도하게 발주한 것도 한 원인이었다. 얼마 전까지만 해도 세계에 자랑할 만한 기술력을 갖춘 기업이라고 자부했던 건인시스템이 하루아침에 흔들리기 시작했다.

건인시스템의 엔지니어들은 그들이 세계 수준의 기술력을 갖고 있다고 진심으로 믿었다. 하지만 직접 맞닥뜨린 현실은 기대와 달랐다. 세계 시장에 진출하기 위해서는 아직 보완해야 할 것들이 많았다. 한마디로 그들은 우물 안 개구리였다.

더구나 건인시스템은 아주 작은 회사였다. 한 차례의 품질 불량으로도 회사가 도산할 수도 있는 작은 규모의 회사였다. 그런데 반품되어 돌아온 물량이 처음 수출한 수량의 절반에 이르렀다. 얼마 전까지만 해도 오천만 달러 수출을 내다보던 회사가 빠르게 흔들리기 시작했다. 건인시스템은 사태 해결에 온 힘을 기울였다.

상황이 악화되고 있었지만 처음에 변 회장은 상황의 심각성을 잘 몰랐다. 급작스러운 소나기만 피하면 모든 것이 잘 해결되리라 믿었다.

"반품이 많긴 하지만 어떻게든 해결될 거야. 그러면 다시 주문이 밀려들겠지. 조금만 더 버티자."

전 직원이 제품 수리에 매달리고 있던 1997년 상반기에 그는 새로운 시장을 개척하는 데 골몰하고 있었다. 건인시스템은 같은 해에 영국 북아일랜드의 벨파스트에 현지 법인을 설립했다. 셋톱박스를 한국에서 제작해 수출하는 것이 아니라 현지에서 직접 생산하기 위해서였다. 건인시스템이 영국에 현지 법인을 설립한 것은 투자 환경이 매력적이었기 때문이다. 영국 북아일랜드 산업개발청은 600평 규모의 공장을 지어 놓고 무상으로 2년 동안 빌려주겠다고 했다. 설비를 갖추는 비용과 연구비, 마케팅 비용도 약속받았다. 건인시스템은 해외 영업 경험이 풍부한 법인장을 벨파스트에 파견했다. 그는 영국에서 공장 설립을 추진하고 현지 영업망을 구축하는 등 바쁜 나날을 보내고 있었다.

법인 설립 초기에 변 회장이 영국 벨파스트로 출장을 간 적이 있었다. 법인장 집에서 하룻밤을 묵는데 시차 때문인지 새벽 일찍 잠에서 깼다. 한국과 멀리 떨어진 이국에서 새벽에 홀로 일어난 그는 회사가 안고 있는 문제들을 하나씩 점검하기 시작했다. 노트를 꺼내 떠오르는 문제들을 적어 내려갔다.

1. 셋톱박스의 품질 문제를 해결할 수 있을까?

2. 밀려드는 반품을 처리할 수 있는 방법은?

3. 대량 주문에 대비해 창고에 쌓아 둔 부품 재고들은 어떻게 하지?

4. 더 이상 주문이 들어오지 않는다면?

5. 빠르게 고갈되고 있는 현금을 조달할 방법은 있나?

6. 떨어지고 있는 주가와 투자자들의 따가운 눈총에 대처할
   수 있을까?

7. 제품 수리에 지친 직원들의 사기는 어떻게 북돋울 수 있을까?

그는 그제야 현실이 보이는 듯했다. 부산항에서 처음 셋톱박스를
수출할 때만 해도 회사의 성공을 누구도 의심치 않았다. 하지만 세상
은 그리 호락호락하지 않았다. 그해에 건인시스템은 단 한 개의 제품
도 수출하지 못하고 있었고 제품 불량으로 수출 물량의 절반이 되돌
아왔다. 문득 그 많은 문제를 다 해결할 수 없을지도 모른다는 두려
움이 엄습했다. 회사가 설립된 이래 가장 큰 위기였다.

'왜 여태껏 몰랐지?'

이런 상황까지 왔는데도 어떻게 현실을 낙관할 수 있었는지 스스
로도 의아했다. 아마도 잘되리라는 기대가 현실을 바로 보지 못하게
한 모양이었다. 그는 더 이상 현실을 외면할 수 없다는 판단을 내렸
다. 그리고 출장을 마치고 귀국하자마자 직원들을 불러 모았다. 뼈아
픈 일이었지만 모두가 이 상황을 공유해야 했다.

"다들 짐작하고 있겠지만 회사 상황이 그리 좋지 못합니다. 솔직히 말하면 여러분이 생각하고 있는 것보다 훨씬 심각합니다. 이대로 가다가는 회사가 계속 유지될 수 있을지 장담할 수 없을 지경입니다."

초창기부터 회사를 함께 일군 창업 멤버들을 비롯해 품질 문제를 해결하느라 지칠 대로 지친 직원들 사이에 무거운 침묵이 감돌았다. 힘겨운 일이었지만 회사의 앞날이 불투명하다는 것과 자금 사정이 어렵다는 사실을 전 직원이 공유해야 했다. 그들은 모두 한 배를 탄 것이나 마찬가지였기 때문이다. 변 회장은 어렵게 입을 열었다.

"지금 회사 자금 사정이 어려우니 회사가 정상 궤도에 오를 때까지 고통을 분담했으면 합니다. 상황이 좋아질 때까지 월급의 30퍼센트를 줄이겠습니다. 대신 이익이 나면 가장 먼저 여러분에게 돌려 드리겠습니다."

다행히 직원들은 동의해 주었다. 직원들에게 건인시스템은 단순히 고용 관계로 맺어진 일터가 아니었다. 창업 초기부터 고락을 같이 해왔기에 직원들에게 건인시스템은 자기 회사나 다름없었다. 그들은 위기를 함께 극복하기로 뜻을 모았다. 그리고 허심탄회하게 회사를 살릴 방안을 강구했다. 직원들의 이해와 회사를 살리겠다는 의지 덕분에 회사에 얼마간 숨통이 트였다. 월급이 깎였는데도 직원들은 벼랑 끝에 선 회사를 살리기 위해 전력을 다했다.

재앙 같던 한 해, 1997년

전 직원이 살아남기 위해 발버둥 쳤지만 상황은 쉽게 호전되지 않았다. 특히 1997년은 말 그대로 악몽 같았다. 물론 그해는 건인시스템뿐 아니라 한국 경제 전반에도 재앙 같은 한 해였다. 바로 외환 위기가 터진 것이다.

멀쩡하던 기업이 하루아침에 무너지고 실업률이 치솟고 가장들이 거리로 내몰렸다. 건인시스템 역시 셋톱박스로 단 한 푼의 매출도 올리지 못하고 있었다. 밀려드는 반품과 자금 고갈로 살얼음판을 걷던 시기에 거래하던 대기업의 부도 소식이 전해졌다.

그 대기업은 건인시스템의 가정용 노래 반주기를 주문자상표부착방식(OEM)으로 납품받아 판매하고 있었다. 건인시스템은 그 회사에 이미 22억 원어치의 물건을 납품한 상태였다. 대기업이라 담보도 없이 일을 진행한 터라 자칫 잘못하면 대금을 한 푼도 받지 못할 상황이었다. 안 그래도 자금 사정이 어려운데 현금을 회수하지 못한다면 동반 부도가 날 것이 뻔했다.

변 회장은 곧바로 영업팀장에게 전화했다. 영업팀장은 이튿날부터 대기업으로 출근하기 시작했다. 그는 늘 가던 구매부가 아니라 경리부에 진을 쳤다. 그리고 몇 주 동안 경리부 앞 회의 탁자에 앉아 온종일 기다리기 시작했다. 커피 마시고 담배 피우는 일 말고는 종일 기다리는 것이 그의 일이었다. 그러자 어느 순간 대기업에서는 건인시스템 영업팀장을 자기 기업의 직원으로 오해하는 사람까지 생겼다. 경리부 사람들과도 친분이 생기기 시작했다.

경리부는 회사 자금이 드나드는 것을 가장 먼저 알 수 있는 곳이었다. 영업팀장은 경리부에 출근해 가장 먼저 자금 상황을 확인했다. 그리고 자금이 들어올 때마다 그중 일부를 건인시스템에 송금하도록 설득했다. 그 작업은 무려 몇 개월간이나 계속되었다. 그런 노력 덕분에 가뭄에 단비가 내리듯 회사에 현금이 유입되기 시작했다. 영업팀장이 애를 써서 송금된 자금은 매번 회사를 버티게 하는 귀중한 버팀목이 되어 주었다.

영업팀장이 어찌나 끈질기게 자금을 회수했는지 나중에 송금된 금액을 합산해 보니 받아야 할 금액보다 2억 원이 더 들어와 있었다. 보통은 부도난 회사에서 받을 돈의 3분의 1도 회수하기 어려운 법이다. 그런데 그는 돈을 더 받아올 정도로 열성적으로 자금을 회수했다. 건인시스템은 그 돈을 받지 못하면 이미 부도날 수밖에 없을 정도로 자금력이 바닥을 기고 있었다. 영업팀장이 회사가 최악으로 치닫는 것을 막아 준 셈이다. 건인시스템은 더 받은 금액만큼 물건을 납품하고 거래를 중단시켰다.

영업팀장뿐 아니라 회사의 많은 직원들이 건인시스템을 살리기 위해 안간힘을 썼다. 그런 노력 덕분에 건인시스템은 간신히 버틸 수 있었다.

현금이 조금씩 들어왔지만 아슬아슬한 줄타기는 계속되었다. 언제 쓰러져도 이상할 게 없는 상황이었다. 어느 날, 재무 담당 최고 책임자가 변 회장을 찾아왔다.

"사장님, 드릴 말씀이 있습니다."

그의 표정이 어두웠다.

"그래요? 잠깐 산책이나 할까요?"

변 회장과 재무 담당은 회사 근처 공원으로 나갔다. 침묵을 깨고 재무 담당이 말했다.

"사장님, 지금 회사 자금 사정이 매우 심각합니다. 이대로는 시간이 간다고 해결될 것 같지가 않습니다. 이쯤에서 손을 드는 게 어떻겠습니까?"

회사의 자금을 책임지고 있는 당사자가 더 이상 회생 가능성이 없다고 말하고 있었다. 하지만 변 회장은 그럴 수 없었다. 사업을 하는 사람이라면 누구나 내일 당장 부도가 난다 해도 회사를 쉽게 접을 수는 없을 것이다.

“무슨 말인지 알겠고 걱정하는 것도 이해합니다. 하지만 저는 사업을 접을 생각이 없습니다. 끝까지 해 보고 안 되면 그때 가서 얘기합시다.”

변 회장이 할 수 있는 말은 그것뿐이었다.

영국 공장으로 날아간 휴맥스맨들

제품 불량을 해결하기 위해 엔지니어들은 혼신의 노력을 기울였다. 우리나라와 다른 기후와 지형 조건에 맞는 제품을 연구하고 각지에서 수집된 오류를 하나씩 해결해 나갔다. 반품을 줄이기 위해서는 고객이 원하는 수준으로 제품을 끌어올리는 수밖에 없었다.

1997년의 끝자락에 접어들자 서서히 희망의 빛이 비치기 시작했다. 엔지니어들은 세계 각지에 나가 발로 뛰면서 제품 불량의 원인을 찾아냈다. 그리고 그것을 곧장 제품 개발에 반영한 덕분에 문제점을 보완한 신모델 개발에 돌입할 수 있었다.

연구실 한쪽에서는 반품 수리를 하면서 다른 쪽에서는 신제품 개발에 매달렸다. 곧 새로운 버전의 셋톱박스 시제품이 완성되었다. 아이러니하게도 이 제품은 이전 모델이 가진 무수한 결함 때문에 탄생할 수 있었다. 불량 제품의 문제점을 보완하기 위해 필사적으로 노력한 덕분에 셋톱박스의 품질을 비약적으로 향상시킬 수 있었던 것이다. 어려움을 피하지 않고 정면 돌파했기에 얻을 수 있었던 값진 성과였다.

변 회장은 완성된 신제품을 본격적으로 생산하기 전에 시험 판매를 해 보기로 했다. 다행히 반응이 좋아 조금씩 주문이 들어오기 시작했다. 그런데 그때는 아직 영국 현지에 제품을 생산할 수 있는 공장이 갖춰지기 전이었다. 어렵게 주문이 들어왔는데 납품 일정을 맞추기가 어려웠다. 방법을 찾아야 했다. 단 한 개의 주문도 아쉬운 처지였다.

일단 현지에서 영국의 공장 하나를 빌려 주문한 물량을 생산하기로 했다. 그런데 그때가 마침 연말연시였다. 유럽인들은 대개 연말연시에 2주 이상 휴가를 보낸다. 일할 사람을 찾기가 쉽지 않았다. 할 수 없이 건인시스템의 직원들이 직접 영국에 가서 제품을 생산하기로 했다.

1997년 겨울, 열 명의 직원이 차가운 겨울바람을 맞으며 영국 공항에 내렸다. 모두 반듯한 정장 차림이었다. 출입국 심사대 앞에 일렬로 선 그들의 표정에는 긴장한 기색이 역력했다. 당시 우리나라는 외환 위기의 직격탄을 맞은 상태였다. 그러다 보니 점퍼 차림으로 가면 입국을 거절당할 수 있다는 흉흉한 소문이 돌았다. 직원들도 혹시 입국을 하지 못할까 봐 늘 입고 다니던 편한 작업복 대신 번듯한 정장을 차려 입었다. 평소에는 무시하고 넘어갈 소문도 가볍게 넘길 수 없었다.

다행히 입국 절차를 무사히 마치고 직원들은 벨파스트 시청 앞에서 기념사진 한 장을 찍고 바로 공장으로 직행했다. 시차에 적응할 시간도, 장거리 여행의 피로를 풀 만한 여유도 없었다. 작업을 하다 보니 건인시스템의 직원들만으로는 기한을 맞추기 어려워 부랴부랴 현지 작업자 십여 명을 더 섭외해 밤샘 작업을 계속했다. 그들에겐 기한 내에 셋톱박스를 조립해야 한다는 생각뿐이었다.

그런 노력 덕분에 간신히 납품 물량을 채울 수 있었다. 납품 물량은 겨우 2000~3000대로 지금 금액으로 치면 몇 억 원밖에 안 되는 정도였다. 하지만 그 금액도 아쉬운 지경이었다. 맥없이 쓰러져 가는 회사를 직원들이 또 한 번 살려 낸 것이다.

신제품으로 기사회생하다

셋톱박스의 정식 신제품은 이듬해 2월에 본격 출시되었다. 품질 불량을 모두 해결한 모델이었다. 그즈음 변 회장은 이미 대기업 종합상사에 의존하는 수출을 중단하고 유럽 시장에서 건인시스템 자체 브랜드로 직접 영업하기로 결정한 상태였다. 시장을 잘 아는 사람들은 작은 회사가 유럽에서 자기 브랜드로 영업을 하는 것은 무리라고 걱정했지만 그의 생각은 달랐다. 현지에서 자기 눈으로 시장을 직접 보고 자기 힘으로 유통을 개척하는 것이 옳다고 판단했다. 이렇게 휴맥스라는 브랜드의 셋톱박스가 유럽 시장에 첫 선을 보이게 되었다.

하지만 신제품을 바라보는 변 회장의 심정은 복잡하기 이를 데 없었다. 직원들은 이미 지칠 대로 지쳐 있었다. 신제품마저 실패하면 더 이상 버틸 기력이 남아 있지 않았다. 신제품이 회사의 마지막 상품이 될지, 아니면 기적을 일으킬지는 누구도 장담할 수 없었다.

신제품이 출시되자 영국 현지 법인에서는 새로운 시장 개척에 나섰다. 당시 디지털 셋톱박스 시장은 소수의 대기업이 장악해서 방송사와 직접 거래하는 형태를 띠고 있었다. 건인시스템 같은 중소기업이 끼어들 틈이 없었다. 변 회장은 다른 길을 찾아야 했다. 그때부터 건인시스템은 셋톱박스를 소규모 방송국이나 개별 소비자들을 대상으로 홍보하기 시작했다. 변 회장은 도박을 하는 심정으로 시장 반응을 기다렸다. 그저 행운이 따라 주기만을 바랐다.

처음에는 반응이 아주 미미했다. 하지만 곧 눈에 띄게 주문량이 늘기 시작했다. 건인시스템의 제품은 불량률도 많지 않았고, 고객의 평도 좋았다. 제품 불량을 모두 해결한 신제품이 진가를 발휘하기 시작했다.

유통사들은 찔끔찔끔 들여놓던 건인시스템의 제품을 백 대씩 주문하기 시작했다. 그것도 많은 수량이라고 할 수는 없었지만 건인시스템의 직원들은 기쁜 마음으로 납품했다. 그런 주문들이 꾸준히 이어졌다. 서서히 회사로 현금이 유입되기 시작했다. 변 회장은 지금도 그때를 생각하면 눈앞이 아찔해진다.

"만약 신제품이 한 달만 늦게 나왔다면 어떻게 되었을까요? 아무리 생각해도 운이 좋았다고 할 수밖에 없습니다."

실제로 신제품 개발이 조금이라도 늦어졌다면 회사는 더는 버티지 못하고 부도 처리되었을 것이다. 그것을 막아 준 것은 두말할 것도 없이 건인시스템의 엔지니어들과 담당 직원들이었다. 회사가 가장 어려운 시기에 고통을 분담하고, 필사적으로 버텨 준 직원들이 있었기에 건인시스템은 서서히 벼랑 끝에서 걸어 나올 수 있었다.

다윗이 골리앗에 맞서는 방법

사실 건인시스템은 국내 소비자들에게 그리 익숙한 브랜드가 아니다. 아무래도 셋톱박스 제품을 가지고 일찌감치 세계 시장을 겨냥했기 때문일 것이다. 건인시스템은 처음 회사를 설립할 때부터 포부가 남달랐다. 창립 멤버들은 세상 물정 모르는 공학도들이었지만 국내에 머물지 않고 세계 시장에서 승부를 보겠다는 목표를 세웠다. 대책 없는 목표였지만 결과적으로 그것은 현명한 선택이었다. 수많은 기업들이 줄줄이 문을 닫은 외환 위기 때 건인시스템 같은 중소기업이 살아남을 수 있었던 것은 그들이 해외 시장에 거점을 두고 있었기 때문이었다.

한국에서도 잘 알려지지 않은 중소기업이 어떻게 세계 시장에서 살아남을 수 있었을까? 그것은 국내에서 물건을 생산하지 않고 현지 법인을 설립했던 것이 주효했다.

그전까지 건인시스템은 종합 상사를 거쳐서 자사 제품을 수출하고 있었다. 그러다 보니 셋톱박스 불량 문제를 해결할 때 고객들의 요구에 즉각 대응하기가 어려웠다. 변 회장은 세계 시장에 진입하려면 종합 상사의 그늘에서 벗어나야 한다고 판단했다. 영국 벨파스트에 현지 법인을 설립한 것은 그런 이유에서였다.

유럽에 처음 진출했을 때 건인시스템의 경쟁 상대는 '노키아'와 '필립스'였다. 노키아는 휴대폰 회사였지만, 셋톱박스 분야에서도 강자였다. 가전제품으로 유명한 필립스 역시 만만치 않은 상대였다. 그런 회사들에 비하면 건인시스템은 아시아의 보잘것없는 작은 회사에 불과했다. 한마디로 다윗이 골리앗에게 도전장을 내민 꼴이었다. 하지만 건인시스템은 틈새시장을 개척하면서 꾸준히 유럽 시장에서 인지도를 키워 나갔다. 작은 회사의 약진에 경쟁 회사조차 방심할 수 없었다.

한번은 경쟁사의 임원이 건인시스템을 찾아온 적이 있었다. 글로벌 기업의 임원이 건인시스템 같은 작은 회사에 관심을 보이는 것은 흔한 일이 아니다. 그만큼 유럽에서 건인시스템의 입지가 위협적일 때였다. 임원은 이렇게 물었다.

"유럽의 큰 시장은 이미 다른 기업들이 선점하고 있는데 도대체 건인시스템은 어디서 매출을 올리고 있는 겁니까?"

그는 진심으로 궁금해했다. 그들은 건인시스템이 공략하고 있는 시장을 아직 모르고 있었다.

실제로 유럽 시장에서 건인시스템이 살아남을 수 있었던 것은 그들이 기존 시장에 연연하지 않고 새로운 시장을 개척했기 때문이었다. 물론 처음에는 그들도 대형 방송국을 대상으로 영업했다. 셋톱박스의 가장 큰 고객은 뭐니 뭐니 해도 방송사였기 때문이다. 그러나 곧 벽에 부딪칠 수밖에 없었다. 유럽 방송국 어디서도 한국의 작은 기업과 거래를 트려 하지 않았다. 그들은 자국의 대기업과 거래하기를 원했다.

건인시스템이 유럽 현지의 대기업과 경쟁하기에는 내세울 수 있는 게 별로 없었다. 초기의 반품 사태가 증명하듯 기술력도 자금력이나 마케팅 능력도 경쟁 상대에 비해 뛰어나지 않았다. 그렇다면 어떻게 해야 할까? 변 회장은 물러서지 않고 방법을 찾았다. 그는 가정용 노래 반주기를 만들었을 때도 대기업과의 승부에서 이긴 적이 있었다. 바로 기존 유통망에 의존하는 대신 새로운 유통망을 개척하는 방식을 통해서였다. 유럽에서라고 그러지 못할 이유가 없었다.

건인시스템은 현지의 대기업들과 정면으로 경쟁하지 않고 발로 뛰면서 시장을 개척해 나갔다. 셋톱박스를 찾는 고객이 있는 곳이라면 어디든 찾아갔다. 유럽 국가들에서는 다국적의 사람들이 다양하게 섞여 사는 경우가 많았다. 건인시스템은 그 사실에 착안해 타국에 사는 이주민을 대상으로 셋톱박스를 팔았다. 이를테면 독일에 거주하는 이탈리아인에게 이탈리아 방송을 볼 수 있는 셋톱박스를 판매하는 식이었다. 수량은 얼마 되지 않았지만 그런 틈새시장을 무시할 수 없었다. 건인시스템의 셋톱박스는 점점 입소문을 탔고 유럽인들 사이에서 서서히 브랜드 인지도가 높아지기 시작했다. 마침 개별 위성과 케이블 방송국이 급격하게 성장하면서 다양한 고객의 욕구를 만족시켜 줄 서비스가 필요해지던 시점이었다. 대기업 회사들이 방심하고 있는 사이에 건인시스템의 시장 점유율은 갈수록 높아졌다.

변 회장은 이처럼 방송국 시장에 주력하던 경쟁 상대들과 달리 스스로 새로운 시장을 개척해 나갔다. 마치 적국을 공략할 때 처음부터 대도시를 점령하는 게 아니라 작은 섬에서 해안가로, 해안가에서 조그만 도시로, 그리고 마지막에 수도를 점령하듯 그들은 야금야금 지분을 넓혀 갔다. 그것이 규모가 작은 중소기업이 세계 시장에 진출할 수 있는 가장 현실적인 방법이었다.

건인시스템의 강점은 또 있었다. 변 회장은 1997년에 영국 북아일랜드에 첫 해외 법인을 설립하면서 생산, 조립, 고객 서비스 센터를 모두 현지에 세우는 대담한 사업 방식을 채택했다. 현지에서는 교육 마케팅으로 제품을 알리고 박람회나 전시회 등을 통해 고객의 요구를 직접 들으려 애썼다. 발 빠르게 고객의 욕구를 파악해 현지 공장에서 제품을 바로 업그레이드했다. 그런 노력 덕분에 1999년경 당시 건인시스템은 현지 고객들에게 '가장 빨리 신제품이 출시되는 기업'이라는 브랜드 이미지를 얻었다.

당시 유럽에 판매되는 제품에는 건인시스템이라는 이름 대신 '휴맥스'라는 브랜드를 새겨 넣었다. HUMAX는 'Human Maximization'의 머리글자에서 따온 것으로 '사람을 최고가 되게 한다'는 의미를 지녔다. '사람을 세운다'는 뜻의 '건인'을 영어로 작명한 것이다. 이 브랜드는 이전에 가정용 노래 반주기에도 새겨 넣은 적이 있었다.

변 회장은 내친 김에 회사 이름도 '건인시스템'에서 '휴맥스'로 바꿨다. 세계 시장에서 경쟁하기에는 건인시스템보다 휴맥스라는 이름이 더 적합할 것 같았다. 이제 휴맥스는 셋톱박스 분야에서 유럽 시장의 강자로 떠올랐다.

4
해외 시장을
겨냥하라

자기 브랜드로 해외 유통 업체에

물건을 판매하는 것은

중소기업에게는 쉽지 않은 결정이었다.

하지만 이제는 OEM에만 의존하는

해외 사업으로는 더 이상 중국 업체와의

경쟁에서 우위를 점하기 어려운 실정이다.

초반에는 어려움이 많았지만.

결과적으로 봤을 때 휴맥스의 결정은

옳은 결정이라는 것이 증명되었다.

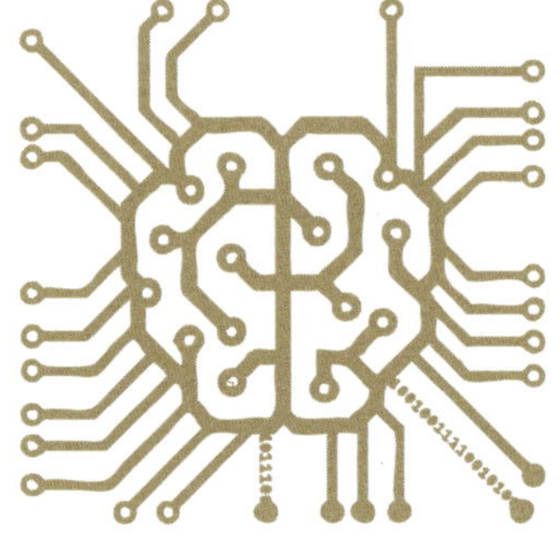

틈새시장부터 공략하다

휴맥스는 디지털 가전을 사업 분야로 결정한 후 창업할 때부터 국내 시장보다는 해외 시장을 겨냥해 왔다. 그 결과 지금은 해외 수출 95퍼센트에 이르는 글로벌 기업으로 자리 잡았다. 한국의 중소기업이 전 세계를 대상으로 제품을 수출하면서 시장을 주도한 사례는 쉽게 찾아보기 어렵다. 그 비결은 어디에 있을까.

휴맥스는 1997년 5월에 영국 벨파스트에 현지 법인을 세웠다. 현지 법인을 세운 것은 유럽 시장의 관세 장벽 문제를 해결하기 위한 목적도 있고, 독자적인 마케팅과 판매를 위해서는 현지 생산 공급이 유리하다는 판단을 내렸기 때문이기도 하다. 빠르게 변하는 디지털 방송 시장에서 시장을 직접 눈으로 보고 고객을 만나지 않으면 경쟁에서 이기기 어려울 것이라고 판단한 것이다.

처음에는 휴맥스도 다른 경쟁사들처럼 유럽 방송국 시장을 먼저 공략했다. 하지만 이름도 들어 보지 못한 한국의 중소기업과 거래를 하고 싶어 하는 유럽 방송국은 어디에도 없었다. 냉정하게 생각해 보면 당연한 일이었다. 디지털 방송 시장이 막 기지개를 켜기 시작하던 무렵이었다. 유럽 방송국들은 당연히 믿을 만한 현지 업체를 선호했다.

휴맥스는 목표를 수정했다. 그리고 아무도 관심을 두지 않는 틈새시장을 먼저 공략하기로 했다. 그것은 일반 유통 시장이었다. 1998년 초에 현지 법인은 부지런히 방송국이 아닌 일반 유통 시장 고객들에게 제품을 소개했다. 만족할 만한 수준은 아니었지만 조금씩 주문이 들어왔다.

그 무렵에는 리콜 제품을 워낙 많이 고치다 보니 기술력도 제법 높아져 있었다. 휴맥스는 끈질기게 버티면서 시장 반응을 살폈다. 그러자 서서히 유럽 시장에서 휴맥스 셋톱박스가 팔리기 시작했다. 1998년 이후 출하된 제품은 적어도 품질 면에서는 문제가 발견되지 않았다. 이름도 잘 모르는 한국 기업으로부터 소량으로 물건을 사가던 유럽 유통 업체들이 재주문을 하기 시작했다.

유럽의 경쟁 업체들은 누구도 예상하지 못했지만 일반 유통 시장은 빠르게 성장을 거듭했다. 소수의 유럽 회사들이 이 시장에 제품을 공급했지만, 그들은 방송국 시장에 집중하고 있었기 때문에 이 시장에 충분히 신경을 쓰기가 어려웠다. 휴맥스는 유럽 경쟁사들이 신경쓰지 못하는 틈새시장을 집중 공략해 점유율을 높여 갔다.

이 무렵에는 셋톱박스의 품질 문제도 빠르게 안정되었고, 기술 업

데이트도 신속하게 진행되고 있었다. 1999년에 이미 휴맥스는 새로운 기능의 제품을 가장 먼저 출시하는 업체로 인식되고 있었다. 일반 유통 시장에서 휴맥스는 곧 점유율이 가장 높은 회사로 올라섰고, 적어도 유통 업체들 사이에서는 신뢰할 수 있는 업체로 인식되고 있었다.

유럽 시장에서 영토를 넓혀 가다

휴맥스가 처음 공장을 설립한 곳은 영국이었지만 영국 시장에 들어가는 것은 쉽지 않았다. 그래서 처음에는 영국 공장에서 생산한 제품을 주로 독일에 팔았다. 독일에서도 방송국 시장 대신 틈새시장을 공략했다.

2000년에 접어들면서 휴맥스는 전에 실패했던 방송국 시장에 다시 진출할 계획을 세웠다. 당시에는 이미 유럽의 일반 유통 시장에서 주목할 만한 매출을 올리고 있었지만, 궁극적으로 규모가 큰 방송국 시장 진입에 성공해야 메이저 셋톱박스 업체가 될 수 있었다.

독일의 방송국 시장에 진입하던 때 있었던 일이다. 어렵게 독일의 대형 위성 방송국에 제품을 공급하기로 하고 개발을 진행하게 되었다. 어떤 대형 방송국이건 처음 시장 진입을 시도하기 시작해서 개발할 수 있는 기회를 확보하기까지 1~2년이 걸리고 제품을 개발해 납품하기까지 또 1~2년이 걸리니 시작부터 결실을 얻기까지는 통상 3년가량의 기간이 걸린다. 그런 과정을 거쳐 개발이 거의 완료되어 가는 시점에 갑자기 위성 방송국의 최고경영자(CEO)가 바뀌었고, 개발 중이던 프로젝트를 중단한다는 통보가 날아왔다. 몹시 낙담할 만한 일이었다. 그런데 이 프로젝트를 담당했던 방송국의 최고기술경영자(CTO)가 개인적으로 부탁을 해 왔다.

"본의 아니게 프로젝트가 중단되어 유감스럽게 생각합니다. 그런데 저는 최고기술경영자(CTO)로서 개인적으로 이 프로젝트를 마무리하고 싶습니다. 우리가 제품을 살 수는 없지만 한 달 더 투자해서 프로젝트를 마무리해 줄 수 없겠습니까?"

황당한 주문이었다. 휴맥스는 이미 1년 이상의 시간과 인력을 투자해 제품 개발을 진행해 온 터였다. 그런 제품을 공급하지 못하게 되었으니 이미 손해가 막심했다. 그런데 독일의 방송국에서 대가 없이 1개월 더 투자해서 마무리해 달라고 요구하고 있었다. 비즈니스의 관점에서 이해관계를 따진다면 손해배상을 청구해도 이상할 게 없는 상황이었다. 하지만 변 회장은 그 요구를 들어주기로 했다.

의도한 것은 아니지만 그 결정으로 인해 독일의 방송국은 휴맥스에 대한 신뢰를 가지게 되었다. 그래서 그 프로젝트가 중단된 후에도 휴맥스는 새로운 제품을 개발할 기회를 얻었다. 휴맥스가 프로젝트를 성공적으로 마치자 그다음부터 새로운 프로젝트를 기획하게 되면 늘 그 방송국은 우선적으로 휴맥스와 협력하는 관계로 발전했다.

어느 순간 휴맥스는 그 독일 위성 방송국의 가장 큰 공급자로 부상
했다. 당시 인연을 맺었던 CTO는 회사를 옮기고 나서도 여전히 휴
맥스와 전략적으로 협력하는 관계를 지속하고 있고, 지금은 비즈니
스 파트너일 뿐 아니라 개인적으로도 변 회장과 매우 친밀한 관계를
맺게 되었다. 중단된 프로젝트 덕분에 독일 방송국의 가장 큰 공급자
가 되었으니 어찌 보면 전화위복이 된 셈이다. 휴맥스는 이후 독일의
다른 방송국에도 제품을 공급하면서 독일 시장에서 1, 2위를 다투는
셋톱박스 회사로 자리 잡게 되었다.

영국 시장에는 조금 늦게 들어간 편이다. 영국에는 이미 세계적인
셋톱박스 회사가 있었고, 경쟁 업체들이 방송국 시장에 진출해 있는
상황이었다. 영국에서 휴맥스는 한동안 방송국 시장에 들어가지 못
한 채 일반 유통 시장에 집중할 수밖에 없었다.

기술적으로는 경쟁할 수 있었지만 여전히 경쟁사보다 규모가 작았
던 휴맥스는 방송국 시장을 공략하기가 쉽지 않았다. 일반 고객들은
기능과 품질이 우수하면 흔쾌히 제품을 구입했다. 하지만 방송국은
달랐다. 그들은 제품의 품질 못지않게 제조사가 신뢰할 만한 곳인지
를 따졌다. 기껏 파트너로 정했는데 제조사가 망하면 곤란하기 때문
이었다.

여러 방송국과 미팅을 했지만 성과는 더뎠다. 휴맥스는 방송국 대
신 일반 유통 시장을 먼저 공략했다. 얼마 후 휴맥스 셋톱박스는 일
반 유통 시장에서 가장 비싼 제품에 속했고 가장 많이 팔리는 제품이

되었다. 휴맥스 셋톱박스는 제품의 혁신을 주도하면서 독보적인 브랜드로 성장해 나갔다.

휴맥스는 이런 성과에 힘입어 영국 산업계에서 가장 권위 있는 상으로 평가받는 퀸스 어워드(Queen's Awards)를 2002년에 이어 2008년에도 수상했다. 이는 외국 기업으로서는 매우 이례적인 것으로 영국 왕실로부터 관련 산업을 성장시키고 주도한 공로를 인정받은 것이었다.

그뿐만 아니라 어느 순간부터 영국의 공영 텔레비전 방송국은 새로운 방송 서비스를 시도할 때마다 휴맥스를 가장 선호하는 파트너로 지목했다. 우리로 치면 KBS 같은 공중파 방송사가 외국의 작은 업체와 제휴하는 셈이다.

결국 휴맥스는 일반 유통 시장을 석권하고 난 후 영국의 대형 통신사에 독점적으로 셋톱박스를 공급하는 지위를 확보하게 되면서 방송사 시장에도 진입할 수 있게 되었다. 그리고 이제는 영국의 대표적인 셋톱박스 회사로 자리 잡았다.

중동 사람들이 믿고 사는 휴맥스 제품

1999년이 지나면서 휴맥스는 유럽 유통 시장에서 제법 자리를 잡았다. 내친 김에 그들은 1999년 12월 중동에 현지 법인을 설립했다. 2개월 뒤에는 독일, 그리고 2001년 6월에는 미국, 11월에는 일본에 순차적으로 법인을 설립하면서 세계 주요 지역에 빠르게 진출했다.

해외 시장 중에서 가장 반응이 뜨거웠던 곳은 뭐니 뭐니 해도 중동이었다. 중동의 디지털 위성 방송은 유럽이나 미국보다 도입 시기가 늦었다. 마침 중동의 위성 방송이 디지털로 전환되는 무렵이라 시기도 좋았다. 휴맥스는 때를 놓치지 않고 중동 지역 디지털 위성 방송이 열리는 초기에 진입했다.

중동은 한낮에 기온이 50도 가까이 올라가는 사막으로 이루어진 지역이다. 그러다 보니 위성 방송 시청 인구가 굉장히 많았다. 셋톱박스가 없는 집이 없고 심지어 각 방마다 셋톱박스를 설치해 두고 원하는 방송을 골라서 시청할 정도였다. 위성 셋톱박스는 텔레비전과 함께 중동인들의 필수 가전제품에 속했다. 휴맥스는 이런 중동 지역에 발 빠르게 진출해 시장을 잠식해 들어갔다.

한번은 미군이 후세인을 잡으러 후세인 궁에 들어갈 때 따라 들어가 취재하던 CNN 방송 영상에 휴맥스 제품이 잡힌 적이 있었다. 당시 이라크에서는 위성 방송을 시청하는 것이 불법이었는데, 대통령 궁에까지 휴맥스 셋톱박스가 설치되어 있었던 것이다. 또 이슬람교를 믿는 사람들은 해마다 라마단 기간에 성지 순례를 떠난다. 성지 순례를 마치고 돌아가는 길에 많은 사람들이 휴맥스 셋톱박스를 사 가지고 고향으로 돌아갔다. 두바이 공항 면세점에는 휴맥스 셋톱박스가 종류별로 전시되어 있었다. 그만큼 휴맥스 셋톱박스의 인기는 독보적이었다.

휴맥스는 얼마 지나지 않아 중동 시장에서 가장 유명한 브랜드로 자리 잡았다. 한국에서 삼성이나 LG를 모르는 사람이 없듯 중동에서는 휴맥스를 모르는 사람이 없었다. 휴맥스는 중동을 기반으로 해서 차츰 북유럽과 터키 시장까지 공략해 나갔다.

난공불락 미국 진출기

휴맥스는 차츰 유럽 셋톱박스 시장을 주도하는 회사가 되었다. 유럽 시장에 자리를 잡은 다음에는 곧 미국 시장으로 눈을 돌렸다. 유럽에서 비교적 쉽게 자리를 잡은 것과 달리 미국 시장에 진출하는 데는 꽤나 애를 먹었다. 휴맥스 개발팀은 미국 방송국에 제품을 납품하기 위해 미국 현지로 날아갔다. 초창기 셋톱박스를 개발할 때 유럽에서 그랬던 것처럼 이번에도 호텔에 장기 투숙하면서 테스트 제품을 개발해야 했다.

미국 개발팀이 한국으로 돌아온 것은 그로부터 2년이 지나고 나서의 일이다. 마침 개발팀이 입국하던 날은 휴맥스 직원들이 워크숍을 가는 날이었다. 그들은 공항에 나가 개발팀을 맞았다. 막 공항을 빠져 나온 개발팀의 얼굴은 2년 전과 사뭇 달라져 있었다. 특히 연구팀장은 한국에 있을 때와는 달리 긴 머리카락을 하나로 묶고 있는 탓에 하마터면 못 알아볼 뻔했다. 연구팀장이 멋쩍어하면서 말했다.

"개발이 끝날 때까지 머리를 자르지 않기로 결심했거든요. 개발 기간이 2년이나 걸릴 줄 누가 알았나요?"

휴맥스 직원들은 서로 마주 보고 웃을 수밖에 없었다.

워크숍 장소에서 개발팀의 미국 원정기를 들을 수 있었다. 파견된 엔지니어들은 미국 방송국 엔지니어가 요구하는 기준에 맞추기 위해 밤낮으로 개발에 매달려야 했다. 강행군 끝에 간신히 제품 기준을 맞추면 연구팀장이 테스트한 제품을 가지고 방송사로 가서 다시 테스트를 받았다. 그런데 엔니지어들은 번번이 퇴짜를 맞기 일쑤였다. 한 번은 연구팀장이 참다못해 이렇게 따졌다.

"요구한 기준에 다 맞췄는데 왜 거절하는 겁니까?"

그러자 미국 방송국 엔지니어가 난감하다는 투로 말했다.

"그 사이 기준이 상향되었습니다. 다른 제품도 다 상향된 기준에 맞추고 있으니 우리도 어쩔 수 없네요."

실제로 미국 셋톱박스 기술은 하루가 멀다 하고 급변하고 있었다. 아무리 기술이 뛰어난 엔지니어라도 그 속도를 따라잡기가 쉽지 않았다. 연구팀장은 별 소득 없이 호텔로 돌아와야 했다. 고객의 기준에 맞는 제품을 개발하는 것 말고는 다른 방법이 없었다. 하지만 엔지니어들도 점점 지쳐 갔다. 한두 번도 아니고 언제까지 방송국의 요구에 맞춰야 할지 장담할 수 없었다. 그러기를 몇 개월째, 결국 이탈자가 생기기 시작했다.

"팀장님, 더 이상은 못 하겠습니다. 이렇게 오래 걸릴 줄 알았다면 아예 시작도 하지 않았을 겁니다."

팀원들이 귀국하겠다고 가방을 쌀 때마다 팀장은 조금만 더 버티자고 설득해야 했다. 하지만 미국 방송국의 긍정적인 답변은 좀처럼 나오지 않았다. 그들은 매번 터무니없이 높은 기준을 제시하며 깐깐하게 굴었다. 미국 방송국이 요구하는 기준을 따라잡는 데는 자그마치 2년이나 걸렸다. 그 기간 동안 휴맥스 엔지니어들이 겪은 고충은 말로 표현하기 어려웠다. 개발을 완료하겠다는 목표 의식이 없었다면 도저히 견디기 힘든 환경이었다.

휴맥스 직원들은 워크숍 도중에 미국에서 휴맥스 제품이 최종 승인되었다는 통보를 받았다. 절묘한 타이밍에 소식을 전달받은 덕분에 전 직원들이 함께 그 기쁨을 나눌 수 있었다. 연구팀장이 들뜬 목소리로 말했다.

"미국에 가 있는 동안 저는 오직 개발에만 매달렸습니다. 지금에서야 하는 말이지만 미국에 있던 2년은 제 개인사에서 없는 것이나 마찬가지입니다."

개인사에서 2년의 시간을 아예 지워 버린 채 개발에만 매달렸다는 말이었다. 그런 노력 덕분에 휴맥스는 미국 위성 방송국 시장에서 가장 큰 공급사로 자리 잡았다. 북미 위성 방송 시장은 워낙 규모가 크다 보니 세계적인 셋톱박스 공급사가 경쟁을 다투고 있다. 그런 환경에서도 휴맥스는 연간 수천억 원의 매출을 올리고 있다. 최근에는 철

옹성 같았던 미국 케이블 시장 진출 기회도 잡아 얼마 전부터 공급하기 시작했다. 미국 위성 방송과 케이블 시장 모두에서 휴맥스가 주요한 셋톱박스 공급 업체로 자리 잡은 셈이다.

가전 왕국, 일본 시장을 주도하다

어느 하나 쉬운 시장은 없겠지만 특히 일본 시장은 외국 업체가 정착하기 매우 까다로운 시장이다. 거기다 일본은 전자 산업 강국이다 보니 외국 전자 기기 회사가 일본 시장에 들어가 살아남기가 어렵다. 한국 전자 회사도 일본 시장에서만큼은 맥을 못 추는 것이 현실이다. 하지만 셋톱박스 시장만은 예외다. 변 회장은 일본 진출 과정에 대해 이렇게 말했다.

"일본 시장에 대한 첫인상은 호두 같다는 것이었습니다. 껍질이 두껍고 딱딱하지만 들어가기만 하면 그 안에 맛있는 게 있겠다는 인상을 받았지요. 그래서 일본 시장에 도전하자고 결정했습니다."

휴맥스가 일본 시장에 자리 잡을 수 있었던 것은 한 일본 위성 방송사 CEO와의 인연이 결정적이었다. 그 방송사는 일본 굴지의 가전 기업이 대주주 중 하나인 곳이었다. 위성 방송사 CEO 또한 그 가전 기업 출신으로, 해당 기업이 미국 시장에 진출할 때 직접 미국에 가서 자리 잡는 데 공헌한 입지전적인 인물이었다. 그는 셋톱박스 개발 의뢰차 한국의 한 대기업을 방문하러 왔다가 우연히 휴맥스를 소개받아 들르게 되었다. 그는 휴맥스에서 자사의 초창기 시절의 인상을 받았다고 한다. 일본으로 돌아간 뒤 그는 한국의 대기업이 아닌 휴맥스를 셋톱박스 공급자로 초청해 개발에 착수하게 되었다.

하지만 일본 시장은 미국 시장 이상으로 진입하기가 만만치 않았다. 그도 그럴 것이 일본 시장에서 셋톱박스는 외국 회사가 개발하기 무척 어려운 특징을 갖고 있었다. 보통 유럽이나 미국의 경우는 제품 사양서만 가지고 있으면 제품을 개발할 수 있었다. 그런데 일본은 제품 사양의 일부분이 그 사양을 함께 개발한 일본 엔지니어들의 머릿속에만 있었다. 따라서 관련 정보를 가지고 있는 일본 엔지니어의 도움을 받지 않으면 외국 업체가 일본 사양을 만족시키는 제품을 개발하기가 매우 어려웠다. 게다가 일본 시장이 가지고 있는 독특한 사양과 기능은 마치 새로운 셋톱박스 제품을 새로 개발하는 것 같은 고충을 주었다. 휴맥스는 그런 어려움을 극복한 끝에 간신히 의뢰한 위성 방송사에 셋톱박스를 공급하기에 이르렀다.

하지만 또 하나의 장애물은 품질이었다. 일본 시장의 품질 요구 수준은 세계 어느 나라보다도 까다로웠다. 수없이 시행착오를 거치면서도 일본 회사 수준의 품질을 따라잡는 것은 지난한 일이었다. 그러다 보니 일본 시장에서 품질 때문에 헤매는 일이 많았다. 그런 상황에서 휴맥스에 큰 원군이 생겼다. 바로 위성 방송사의 CEO였다. 때마침 그가 칠순이 넘어 은퇴를 하게 되었는데, 은퇴 후 그는 스스로 휴맥스를 찾아와 이렇게 말했다.

"저는 평생 일본 전자 제품을 해외에 수출하면서 살아왔습니다. 그런데 이제 나머지 인생은 해외 전자 제품을 수입하면서 살아야겠습니다."

그는 곧 휴맥스의 일본 법인장이 되었고, 휴맥스가 일본 시장에서 자리 잡는 데 큰 역할을 했다.

그러던 중에 일본 최대의 케이블 방송국에서 개발 의뢰가 들어왔다. 그 회사에는 당시 일본의 대기업 두 군데가 이미 제품을 공급하고 있었고, 미국의 유명한 셋톱박스 제조 업체도 제품을 개발하고 있었다. 휴맥스는 그 사이에서 운 좋게 개발 기회를 얻은 셈이었다.

앞서 이야기한 것처럼 외국 업체가 일본 사양을 만족시키는 제품을 개발하기는 상당히 어렵다. 실제로 미국 회사는 거의 5년 가까이 제품을 개발하다 결국 완성하지 못하고 일본 시장에서 철수하고 말았다. 하지만 휴맥스는 이미 일본의 위성 방송 셋톱박스를 개발한 경험이 있었기 때문에 어려움을 겪으면서도 결국 제품 개발에 성공할 수 있었다.

일본 셋톱박스 제조업체들에 끌려 다니던 방송사는 휴맥스가 공급업체로 추가됨으로써 더는 공급 업체에 끌려 다닐 이유가 없어졌다. 그 회사의 CEO는 이후로도 늘 휴맥스가 제품 개발에 성공한 것을 고마워했다. 하지만 여기서도 휴맥스는 오랜 기간 동안 품질 문제로 고통을 겪었고 대규모 품질 사고로 큰 금액을 배상하는 일을 겪었다. 하지만 포기하지 않고 품질을 개선시켜 나갔다.

이런 과정을 거치면서 휴맥스는 드디어 일본 셋톱박스 시장을 리드하게 되었다. 일본 시장에서 외국 업체가 특정 분야를 주도하는 것은 극히 드문 일이다. 한국의 대기업들도 일본 시장에서는 그런 성과를 내지 못하고 있다.

일본 시장에서 휴맥스의 전망은 앞으로도 밝을 것으로 보인다. 현재 휴맥스와 경쟁하고 있는 일본의 셋톱박스 공급 업체는 두 군데인데, 그들은 모두 일본 시장 안에서만 제품을 공급하고 있다. 반면에 휴맥스는 전 세계에 셋톱박스를 공급하고 있는 회사이므로 그들이 휴맥스와 경쟁해 나가기는 더욱 어려울 것이다. 일본 시장에서 휴맥스의 영향력은 점점 커지리라 기대된다.

브라질 시장을 순식간에 움켜쥐다

유럽, 중동, 북미, 일본을 차례차례 진입하여 주요 셋톱박스 제조업체로 자리매김한 휴맥스는 곧 신흥 시장으로 눈을 돌리기 시작했다. 처음 진입을 시도한 곳은 브라질의 위성 방송사였다. 한국에서 비행기로 30시간이 걸리는 브라질은 휴맥스가 전혀 경험해 보지 않은 남미 시장의 교두보였다. 하지만 시작부터 벽에 부딪쳤다. 브라질은 사업 환경이 열악하고 법이나 규정이 미비해서 외국 기업이 진출해 사업을 하기가 굉장히 어려운 나라였다. 누가 되었건 초기에는 수없는 시행착오를 겪을 수밖에 없는 시장이었고 휴맥스도 마찬가지였다. 더구나 환율이 불안정하고 시장 수요가 일정하지 않아서 큰 규모의 물량을 공급하다가 한순간 수요가 거꾸러지는 것을 반복하면서 큰 손실을 보기도 했다. 어려움을 겪기는 했지만 휴맥스는 위성 방송사를 고객으로 확보하고 조금씩 브라질 시장을 배워 나갈 수 있었다.

위성 방송 시장에서 제법 기반을 닦을 무렵, 휴맥스는 브라질에서 가장 큰 케이블 방송사에 제품을 공급할 기회를 확보하게 되었다. 그런데 이 회사에 제품을 공급하려면 브라질에 직접 공장을 세우고 현지에서 생산하는 제품을 공급해야 한다는 조건이 있었다. 선택의 여지가 없었다. 휴맥스는 한쪽에서는 제품 개발을 서두르는 한편, 다른 한쪽에서는 현지 공장을 설립하고 제품을 공급하기 위해 필요한 시스템을 구축해 나갔다. 제품 개발을 시작하고 한국에서 하루 반 거리에 있는 아마존 유역의 산업 단지에 공장을 세워 현지 공장에서 제품을 생산해 공급을 시작하기까지 1년 남짓의 시간이 걸렸다. 보통의 회사들이 2~3년은 족히 걸리는 일을 휴맥스는 1년여 만에 해낸 것이다. 그에 힘입어 휴맥스는 브라질 셋톱박스 시장에서 순식간에 강자로 떠올랐다. 이 산업에 관계된 모든 사람이 놀랄 수밖에 없는, 작지 않은 성과였다.

이외에도 휴맥스는 호주의 일반 유통 시장에서 이미 시장을 선도하는 기업으로 떠오르고 있고, 동유럽과 러시아 지역의 주요 방송국을 고객으로 두고 있다. 이로써 중남부 아프리카와 남극, 북극을 제외하고 전 세계 시장에 진출한 명실상부한 글로벌 셋톱박스 제조업체로 성장했다.

변 회장은 한국의 중견기업이 이 정도 규모의 글로벌 비즈니스를 만들어 낸 사례는 흔치 않다는 자신감을 드러냈다.

"한국의 중견 기업이 내수 시장에 머물지 않고 전 세계 대부분의 국가에서 사업을 영위하며 그 분야에서 메이저 제조업체로 성장한 사례는 거의 찾아보기 어렵습니다. 휴맥스의 이러한 글로벌 사업 인프라와 저력은 시간이 지날수록 그 가치가 드러날 것이고 사업 실적으로 가시화될 것입니다."

해외 시장에서 통한 휴맥스의 저력

휴맥스가 이처럼 글로벌한 회사로 성장할 수 있었던 것은 해외 진출 초기에 좋은 결정들을 연달아 내릴 수 있었기 때문이다. 그들은 작은 중소기업이었음에도 자기 브랜드로 유럽 시장의 문을 두드렸다. 현지에서 직접 시장을 보면서 개척하겠다는 목적으로 유럽 현지 법인까지 설립했다. 유럽 메이저 방송국 시장에 진출하기 어려울 때도 포기하지 않고 틈새시장인 일반 유통 시장을 공략했다. 그리고 셋톱박스 시장에서 어느 정도 자리를 잡고 나자 이번에는 지역을 확대해 나갔다.

결과론적인 얘기지만 현지 법인을 설립하고 휴맥스 자체 브랜드를 사용한 것은 휴맥스 성공의 핵심 요인으로 평가받고 있다. 이전까지 휴맥스는 대기업 종합 상사를 통해 고객을 만났다. 하지만 그것으로는 한계가 있었다. 보통 아시아의 중소기업들은 주문을 먼저 받아

OEM으로 생산하고, 일정 규모 이상의 물량이 되어야 수출하는 것이 일반적이었다. 자기 브랜드로 해외 시장을 개척하는 데는 막대한 자본이 필요하고 시간도 오래 걸리기 때문이다. 하지만 휴맥스는 유통 업체에 자기 브랜드를 사용하겠다고 집요하게 설득했고 소량이라도 재고를 감수하면서 제품을 수출했다. 말하자면 일반적인 아시아 기업들과는 다른 전략을 택한 것이다.

자기 브랜드로 해외 유통 업체에 물건을 판매하는 것은 중소기업에게는 쉽지 않은 결정이었다. 하지만 이제는 OEM에만 의존하는 해외 사업으로는 더 이상 중국 업체와의 경쟁에서 우위를 점하기 어려운 실정이다. 초반에는 어려움이 많았지만 결과적으로 봤을 때 휴맥스의 결정은 옳은 결정이라는 것이 증명되었다.

또 사업 초기 사업 품목을 늘리지 않고 셋톱박스 사업에만 전념하면서 지역을 확장한 것도 좋은 결정이었다. 유럽에서 기반을 잡은 휴맥스는 다음 사업 전략이 필요했다. 방법은 두 가지가 있었다. 우선 유럽 시장을 기반으로 해서 새로운 사업 품목을 추가해 가면서 사업의 규모를 늘리는 방식이 있었다. 그리고 또 하나는 셋톱박스에만 집중하면서 다른 지역으로 확장해 나가는 전략이었다. 휴맥스는 후자를 선택했다. 그리고 그 선택은 놀라운 성과를 낳았다.

"당시에는 그러한 결정들이 전략적인 안목을 가지고 한 선택은 아니었지만, 결과적으로 그 결정들이 휴맥스가 글로벌 회사로 성장하는 데 결정적인 역할을 했습니다. 덕분에 휴맥스는 전 세계를 상대로 사업을 하는 우리나라에서 보기 드문 중견기업으로 성장할 수 있었습니다.”

세계 시장을 겨냥해 글로벌 기업으로 성장하겠다는 포부를 가진 벤처 기업이라면 참고할 만한 대목이다.

5
다시
벤처 정신으로

혁신은 조직 구성원 각자의

삶에서 일어나야 하는 일이었고,

어제 하던 방식과 다른 방식을

찾아 끊임없이 개선해 나가야

하는 것이었다.

그런 태도가 자리 잡는 데

무려 3년 이상의 시간이 필요했다.

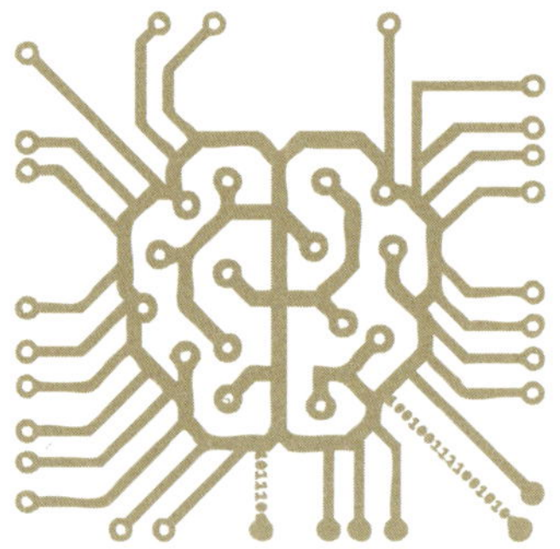

벤처 정신을 잃어 가다

품질에서 인정을 받게 되자 휴맥스의 매출은 급상승했다. 1999년에 휴맥스는 매출 541억 원을 달성했다. 그런데 2001년에는 삼천 억 원을 넘겨 2년 만에 거의 매출이 6배나 늘었다. 순이익도 천억 원에 육박한 엄청난 성장을 이뤄 냈다.

2000년 이후 휴맥스는 언론의 스포트라이트를 한 몸에 받았다. 연일 신문지상에 휴맥스 이름이 오르내렸다. 밖에만 나가면 칭찬의 목소리가 들려왔다. 2003년 무렵에는 휴맥스에 별명이 하나 붙었다. 그것은 '코스닥의 삼성전자'로 대기업만큼 강한 중소기업이란 의미였다. 경영학자의 논문에도 휴맥스가 언급되었다. 휴맥스는 단숨에 벤처 업계의 신화로 떠올랐다.

휴맥스 직원들은 그런 찬사를 있는 그대로 받아들였다. 누구의 도움도 없이 온전히 스스로의 힘으로 이룬 성과였기에 달콤한 열매를 충분히 맛봐도 좋으리라고 여겼다. 하지만 현실은 냉정했다. 언제까지 달콤한 환상에 젖어 있도록 내버려 두지 않았다.

주문이 밀려들다 보니 납기일을 맞추기가 어려웠다. 생산 라인을 늘려야 했다. 직원들도 새로 충원했다. 매출을 감당할 수 있을 만큼 회사 규모를 키워야 했다.

그즈음 회사가 삐걱거리기 시작했다. 회사 분위기가 예전 같지 않았다. 새로 뽑은 직원들이 회사 분위기에 잘 적응하지 못하고 겉도는 듯했다. 변 회장은 인력을 대거 충원했으니 적응하는 데 시간이 걸릴 거라고 대수롭지 않게 여겼다. 하지만 개발이 지연되고 납기일을 어기는 횟수가 잦아졌다. 공장의 불량률이 높아지고 부품 관리도 제대로 이루어지지 않았다. 재고가 급증하는가 하면 어떤 제품은 생산이 중단되는 일이 반복되었다. 하루에도 여러 차례 공장 가동이 중단되는 일까지 벌어졌다. 그런데도 누구 하나 책임을 지지 않았다. 처음에는 그게 성장하는 과정에서 겪는 잠깐 동안의 혼란이라고 여겼다. 그때까지만 해도 주문이 밀려들고 있었기 때문에 시간이 지나면 저절로 해결되리라 믿었다. 하지만 아니었다. 달콤한 성과도 잠시, 이익이 점점 떨어지기 시작했다. 천억 원에 가깝던 순이익이 2003년에 오백억 원 정도로 줄었다. 매출은 늘었지만 이익은 지난해에 비해 반으로 준 셈이었다. 이듬해에는 확연히 줄어 백억 원 수준으로 떨어졌다. 생산성이 급격히 떨어지고 있었다.

변 회장은 그제야 분위기가 심상치 않다는 사실을 알아차렸다. 뭔가 문제가 있는 게 분명했다. 예전에 휴맥스는 문제가 생기면 전 직원이 함께 나서서 해결하던 회사였다. 위기의 순간마다 영웅들이 나타나 휴맥스를 구해 주었다. 그런데 어느 순간 회사의 분위기가 달라졌다. 직원들은 더 이상 회사 일을 자기 일처럼 여기지 않았다. 벤처 회사 특유의 열정이 사라진 것이다.

그렇다고 직원들이 게으르거나 나태한 것은 아니었다. 직원들은 매일 일어나는 사건 사고를 수습하느라 바빴다. 항상 시간이 부족했다. 그러니 근본적인 원인을 파악할 새가 없었다. 일을 수습하느라 미처 발견하지 못한 부분에서 또 다른 문제가 발생했다. 악순환이 반복되었다. 노력은 하는데 이상하게 상황은 나아지지 않았다.

그런 상황에서도 직원들은 휴맥스가 절대 망하지 않을 거라고 믿었다. 여러 차례 고비를 넘어오는 동안 위기에 대한 면역력이 생긴 것이다. 그들은 이전에 그랬던 것처럼 위기가 닥치면 또 무사히 넘어갈 수 있으리라고 믿었다. 회사가 벌어들이는 수익이 만만치 않았기 때문에 다들 안심하고 있었다.

그러다 결국 사고가 터졌다. 어느 날 휴맥스와 계약을 맺은 대형 방송국에서 계약 취소 통보가 날아들었다. 그 회사는 분기별로 공급자들의 기술력과 품질, 납기, 원가 등을 종합 평가했는데, 그 평가에서 휴맥스가 꼴찌를 기록했던 것이다. 변 회장은 이대로 가면 회사가 위험해질 수 있다는 위기감이 들었다. 그제야 원인 분석에 들어갔다.

사실은 분석하고 말고 할 것도 없었다. 고객사의 눈에 휴맥스는 더 이상 믿을 만한 회사가 아니었다. 어느새 휴맥스는 일을 제대로 하지 못하는, 신뢰할 수 없는 회사로 변해 있었다. 이제는 수익 감소와 사내 분위기만 문제 삼을 게 아니었다. 어렵게 얻은 고객의 신뢰마저 무너져 내리고 있었다.

변 회장은 사장실에 홀로 앉아 생각에 잠겼다. 회사 CEO로서 이 문제를 해결하지 못한다면 더 이상 휴맥스에 미래가 없다는 절박감이 밀려왔다.

'도대체 뭐가 잘못된 거지?'

따져 보니 2001년부터 회사가 서서히 망가져 가고 있었다. 매출이 늘면서 들뜨기 시작한 시점이었다. 박수 소리에 취해 있을 때 안으로는 썩어 가고 있었다. 하지만 무엇이 잘못되었는지, 어디서부터 해결해야 할지 도무지 감이 오지 않았다.

그전까지 변 회장은 회사 돌아가는 사정을 전부 꿰고 있었다. 직원들 연봉부터 재고 파악까지 변 회장의 머릿속에 다 들어 있었다. 그런데 매출이 삼천억 원에 이르고, 직원들이 300명이 넘어가기 시작하면서부터 그게 어려워졌다. 회사의 규모가 커지자 회사 전체를 혼자 파악하기가 어려웠다. 어떻게든 회사를 바로잡아야 하는데 어디서부터 접근해야 할지 막연했다.

당시에는 근본적인 문제를 해결하기는 어려웠고 부랴부랴 눈에 보이는 급한 불부터 끄기 시작했다. 주먹구구식으로 이것저것 시도한

덕분에 다행히 최악의 상황은 면할 수 있었다. 하지만 매번 임시방편
으로 문제를 해결할 수는 없는 노릇이었다. 좀 더 본질적인 변화가
필요했다.

성장을 가로막은 내부 진통

　당시 휴맥스의 가장 큰 문제는 사내 분위기였다. 휴맥스는 직원이 급격히 충원되면서 내부 진통을 겪고 있었다. 새로 들어온 직원들과 기존 직원들 사이에 보이지 않는 벽이 있었다.

　외환 위기 무렵, 휴맥스를 구한 건 누가 뭐래도 직원들이었다. 월급을 적게 받으면서도 퇴사하지 않고 끝까지 남아 회사를 지킨 이들 덕분에 휴맥스는 무사히 위기에서 벗어날 수 있었다. 그들은 회사에 대한 애정과 어려운 시기를 함께 이겨 낸 데 대한 자부심이 컸다.

　하지만 새로 입사한 직원들은 그렇지 않았다. 그들에게는 회사에 기여하고 성취감을 느낄 만한 기회가 필요했다. 하지만 이미 기존 직원들이 중요한 업무를 맡고 있었기에 그들에게는 좀처럼 기회가 오지 않았다. 기존 직원들 입장에서도 불만이 쌓여 갔다. 힘들고 중요한 업무는 본인들이 다 맡아서 하고 있는데, 그렇다고 보상 수준이

다른 것도 아니니 덩달아 사기가 떨어졌다. 휴맥스는 더 이상 열정과 패기가 넘치는 회사가 아니었다. 어느새 변화를 두려워하는 낡은 회사로 전락해 있었다. 변 회장은 예전 방식으로 회사를 운영하는 것은 이제 어렵다고 느꼈다.

'예전의 휴맥스처럼 활기 넘치고 도전을 두려워하지 않는 회사가 되려면 어떻게 해야 할까?'

규모가 커지면 그에 맞는 운영 방식이 필요했다. 사내 문화와 일하는 방식 등을 죄다 뜯어고쳐야 했다. 한마디로 '혁신'이 필요했다. 언제부턴가 그의 머릿속에는 혁신이란 단어가 맴돌기 시작했다. 그는 직원들이 모인 자리에서 이렇게 말했다.

"제가 둔하고 안목이 없어서 회사가 경쟁력을 상실하고 위기에 빠지기 시작한 것을 진작 알아채지 못하고 2년이나 허비했습니다. 회사를 이대로 방치할 수는 없습니다. 휴맥스가 성장하기 위해서 대대적인 혁신 작업을 시작하겠습니다."

그는 언제나 그랬던 것처럼 자신의 실수를 솔직하게 인정했다. 그리고 휴맥스가 나아갈 방향을 제시했다.

첫 번째는 회사의 성장에 큰 공헌을 한 기존 인원들이 기득권화되는 것을 막고 새롭게 합류한 직원들과 팀워크를 이루는 일이었다. 기존의 직원들과 새로운 직원들을 구분하지 않고 그들의 능력에 맞게 조직을 새로 배치시켜야 했다. 이를 위해 몹시 괴로운 일을 시작했다. 새로운 기여를 할 만한 업무가 없는 직원은 회사를 떠나는 것이 옳다고 판단한 것이다. 그것은 창업 멤버라고 해도 예외가 없었다.

"CEO로서 저는 어려운 결정을 하려고 합니다. 앞으로 조직을 위해 계속 일할 수 있는 사람은 남고 그렇지 않으면 떠나야 합니다. 그것이 우리가 어렵게 일군 회사를 살리는 길이라고 생각합니다."

창업 멤버들을 떠나보내는 것은 쉬운 일이 아니었다. 그들은 험난한 역경을 함께 넘으며 벤처 신화를 일궈 온 이들이었다. 얼굴을 맞대고 지낸 세월만 15년에 가까웠다. 서로에게 무척 고통스러운 일이었다. 하지만 휴맥스의 미래를 생각한다면 피할 수 없었다. 회사의 성장에 걸림돌이 된다면 변 회장은 그 자신까지도 해고할 각오가 되어 있었다.

처음에는 창업 멤버들 중 그런 결정에 서운해하는 이들도 있었다. 하지만 그들 역시 누구보다 휴맥스를 아끼는 사람들이었다. 변 회장이 자신을 위해서가 아니라 휴맥스의 기업 문화를 바로잡기 위해 어려운 결단을 내리고 있다는 사실을 그들도 모르지 않았다. 시간이 지나 이제는 그들 모두가 휴맥스라는 울타리 안에 있는 것은 아니지만, 그들은 지금도 휴맥스 OB 모임을 통해 여전히 좋은 관계를 유지하고 있다.

오로지 혁신만 생각하다

조직 구성원들에게 변 회장의 메시지는 제대로 전달된 듯했다. 조직이 하루아침에 변화할 수는 없지만 특히나 새로 합류한 사람들 중 역량이 뛰어난 사람들은 그 메시지를 더 잘 이해한 것으로 보였다. 그들에게 휴맥스는 자기가 들어갈 수 없는 이너 서클이 있는 조직이 아니었다. 시간이 지나면서 기존 인원들과 새로 합류한 인원들 사이의 벽은 조금씩 허물어져 내렸다.

하지만 그것은 단지 시작일 뿐이었다. 휴맥스는 더 근본적인 변화가 필요했다. 책임과 권한을 분명히 하고, 업무 프로세스를 다시 정비하고 일하는 방식을 바꾸는 것을 통해 새로운 기업 문화를 구축해야 했다.

그 무렵 변 회장은 각 부서의 장을 불러 보아 휴맥스를 어떻게 혁신하면 좋을지 궁리했다. 하지만 뾰족한 수가 보이지 않았다. 변해야 한다는 사실에는 다들 동의했지만 어떻게 변해야 할지에 대해서는 누구도 시원한 답을 내놓지 못했다.

혁신 작업을 시작하고 처음 6개월 동안 변 회장은 한편으로는 허탈해하면서 또 다른 한편으로는 흥미로운 경험을 하게 되었다. 전 직원들에게 회사의 위기 상황을 설명하고 매주 공장에 직접 내려가 혁신 작업을 진두지휘했지만 6개월 뒤 돌아보니 아무도 따라오지 않는 것을 발견했다. 그때 그는 조직과 사람은 잘 변하지 않는다는 사실을 실감했다. 변 회장은 이대로는 안 되겠다는 생각이 들었다.

그는 어려운 문제에 닥쳤을 때 돌아가는 법이 없었다. 늘 본질을 직시하려고 애썼다. 이번에도 마찬가지였다. 그는 우선 하루 24시간 밥 먹고 혁신만 생각하는 팀이 있어야겠다고 생각했다. 그래서 2004년 12월에 혁신실을 만들었다. 실장 한 명, 부원 세 명의 아주 작은 팀이었다. 규모는 작지만 그들에게 거는 기대는 결코 작지 않았다.

혁신실을 만든 이유는 아주 단순했다. 휴맥스에 혁신이 절실한데, 혁신에 대해 아는 사람이 없으니 스스로 배우면서 답을 찾아 가자는 것이었다. 섣불리 이것저것 시도하기보다 명확한 답을 찾을 때까지 한 발 한 발 차근차근 내딛고 싶었다. 그것이 변 회장의 방식이었다.

그때만 해도 직원들의 반응은 시큰둥했다. 현업에 바쁜 그들은 혁신실의 일에 별 관심이 없었다. 혁신은 자기가 하는 일이 아니라 혁신실에서 하는 일이라고 여겼다. 일은 기존에 했던 방식대로 하면 된다고 생각했고 혁신은 자기와는 별 상관없는 일이라는 생각이 팽배했다. 하지만 혁신은 그런 게 아니었다. 혁신은 조직 구성원 각자의 삶에서 일어나야 하는 일이었고, 어제 하던 방식과 다른 방식을 찾아 끊임없이 개선해 나가야 하는 것이었다. 그런 태도가 자리 잡는 데 무려 3년 이상의 시간이 필요했다.

지난 20년간 우리 사회에 수많은 벤처 기업이 창업했지만 지속적인 성장을 거둔 기업은 극소수에 불과하다. 여러 가지 원인이 있겠지만, 그중 하나는 회사가 급격하게 성장할 때 필연적으로 겪게 되는 성장통을 극복하지 못한 것이 하나의 원인으로 작용한다. 작은 기업일 때는 다들 열심히 일한다. 그런데 기업의 규모가 어느 이상으로 커지면 그저 열심히 하는 것만으로는 부족하다. 경영 시스템이 만들어지고 규모에 맞는 기업 문화가 정착되지 않으면 어느 순간 기업의 경쟁력이 떨어지게 된다. 많은 회사들이 관리 역량이 미흡해 효율성과 경영 성과가 떨어지는 시기를 반드시 겪게 된다.

휴맥스도 다르지 않았다. 하지만 성장통을 겪고 있으면서 혁신을 단행하기가 결코 쉽지 않다. 특히 급성장하는 회사들은 현업에 바쁘다 보니 문제 해결을 위한 근본적인 접근을 하기 어려운 경우가 많다. 그러다 보면 회사 운영에 악순환이 반복된다. 휴맥스에도 이러한 증상이 심각하게 나타났다.

"저처럼 처음부터 벤처 기업을 창업한 사람들은 체계적으로 경영을 해 본 경험이 없습니다. 벤처 기업가는 경영을 어떻게 해야 하는지 한 번도 배운 적 없이 그저 상식적으로 열심히 하는 것이지요. 기업이 작을 때는 그렇게 해도 돌아갑니다. 150~200명의 사람들이 열심히 일하면 회사가 굴러갑니다. 그런데 직원이 500~1000명이 되어 버리면 그때는 그냥 열심히 일하는 것만으로는 안 됩니다. 경영 시스템이라는 인프라 위에서 열심히 해야지요.”

변 회장은 급성장한 회사 규모를 감당하기 위해서는 경영 시스템이 절실하다는 사실을 깨닫게 되었다. 그런데 경영 시스템을 만드는 것 또한 만만치 않은 일이었다.

“처음 혁신을 통해 새로운 경영 시스템을 구축해야겠다고 마음먹었을 때 아주 난감한 경험을 한 적이 있습니다. 저는 엔지니어 출신이고 휴맥스는 기술이 강한 회사였습니다. 늘 기술을 선도해서 그 정도 규모까지 기업을 키울 수 있었지요. 그런데 개발을 좀 더 잘하기 위해 개발 체계를 혁신하려고 하는데 어떻게 해야 더 잘할 수 있는지에 대해 아는 것이 별로 없었습니다. 허탈한 마음이 들었습니다.”

그전까지 휴맥스는 그저 일을 열심히 하는 회사였지 일을 체계적으로 잘하는 회사는 아니었다. 그런데 개발 규모가 커지고, 그 방식이 일정 정도 이상의 복잡성을 넘어가면 그때부터는 열심히만 해서는 회사가 잘 운영되지 않는다. 그때는 체계를 잡아야 한다. 그렇지 않으면 생산성이 낮아지고 경쟁력이 떨어진다. 그런데 휴맥스는 어떻게 하면 개발을 더 잘할 수 있는지, 어떻게 하면 품질을 더 잘 관리할 수 있는지에 대한 지식이 별로 없는 회사였다. 개발, 마케팅, 제조, 품질 관리, 공급망 관리 등 경영에 필요한 핵심 요소를 더 잘 수행할 방법을 처음부터 다시 배워야 했다.

예상은 했지만 혁신 작업은 더뎠다. 변 회장은 변 회장대로, 혁신실은 혁신실대로 답을 찾아 나섰다. 혁신에 성공한 회사가 있다는 소문을 들으면 물어물어 찾아가 배우고, 혁신에 대해 잘 아는 전문가가 있으면 영입해 컨설팅을 받았다. 혁신 관련 도서를 샅샅이 훑는 건 기본이었다.

변 회장은 어느 날, 신문을 보다가 저가의 전자 제품을 만드는 '후나이'라는 회사가 그해에 일본 전자 회사 중에 가장 영업 이익률이 높다는 기사를 우연히 접했다. 그 작은 회사는 소니나 파나소닉, 샤프 같은 회사들보다 이익률이 더 높았다. 저가의 전자 제품을 만드는 회사가 영업 이익률이 가장 높다는 것은 그만큼 생산을 잘한다는 의미였다.

"이 회사는 대체 어떤 시스템을 갖고 있길래 일본의 내로라하는 회사들보다 영업 이익률이 높을까?"

변 회장은 그 길로 수소문해 후나이의 창업자인 후나이 씨를 만나러 일본으로 건너갔다. 후나이 씨는 일흔여덟의 할아버지였다. 변 회장은 그에게 어떻게 하면 생산을 잘할 수 있을지, 어떻게 하면 품질을 제대로 관리할 수 있을지 궁금한 것을 죄다 리스트로 만들어 가지고 가서 물었다.

"저는 한국에서 디지털 전자 회사를 운영하고 있습니다. 후나이가 전자 기기 제조에 아주 강하다는 얘기를 들었습니다. 전자 제품을 만드는 후나이만의 특별한 방식이 있습니까?"

"글쎄요. 저는 스물여덟 살에 회사를 창업한 후 50년 동안 줄곧 공장에서 어떻게 하면 제조를 잘할 수 있을까만 연구했습니다."

그는 그렇게 운을 떼며 변 회장의 질문에 하나하나 답해 주었다.

그런 식으로 가능한 모든 방법을 찾아 끊임없이 배우고 연구하다 보니 어느새 1년이 훌쩍 지났다. 어느 날 혁신실장이 변 회장을 찾아왔다.

"사장님, 벌써 혁신에 대해 공부한 지 1년이 지났습니다. 그런데 아직도 이렇다 할 성과를 내지 못하고 있어 걱정입니다. 이대로 계속 공부만 하고 있어도 괜찮을까요?"

혁신실 책임자로서 성과 없이 시간만 흘려보내는 것 같아 조바심이 났던 모양이었다. 그 심정을 변 회장이 모를 리 없었다. 누구보다 '혁신'에 대해 고민하고 있는 사람이 바로 변 회장이었다.

혁신이란 한마디로 말해서 조직 구성원을 변화시키는 일이었다. 더 정확하게 말하면 사람들의 생각을 변화시켜 행동을 바꾸는 일이었다. 한두 명도 아니고, 수백 명이 몸담고 있는 조직에서 구성원의 생각을 바꾸고 행동을 변화시키는 것이 쉬울 리 없었다. 그리고 변화가 일어나려면 대다수가 인정하는 방향으로 혁신이 이루어져야 했다. 어설프게 변화를 시도했다간 조직 구성원의 반발을 사기 쉬웠다. 그렇게 되면 모처럼 시도한 혁신이 뿌리내리기도 전에 실패로 돌아가고 말 것이었다. 변 회장은 그를 다독였다.

“조직 전체를 변화시키는 일인데, 한순간에 되겠습니까? 아무래도
시간이 필요할 것입니다. 시간을 충분히 두고, 차근차근 진행하도록
합시다.”

보이지 않는 것을 보이게 하라

　어느 정도 혁신에 대한 지식이 쌓이자 변 회장은 방향이 보이기 시작했다. 휴맥스의 가장 시급한 과제는 '책임과 역할'을 분명히 하는 것이었다. 그때까지 휴맥스는 누군가 실수를 해도 책임을 분명하게 묻지 않았다.

　"죄송합니다. 체크했어야 하는데 바빠서 못했습니다."

　"바빠서 그랬다니 할 수 없지. 다음부터는 주의해."

　직원이 백 명 안팎의 작은 회사일 때는 그런 식으로 운영해도 별 문제가 없었다. 모두들 자기 회사라고 생각했기 때문에 문제가 터지면 책임 여부를 따지지 않고, 스스로 나서서 문제를 해결했다. 그런데 규모가 커지자 상황이 달라졌다. 이제는 문제가 터지면 다 자기 소관이 아니라고 했다. 예전의 방식으로는 일이 해결되지 않았다. 한 번의 실수는 개인의 문제로 넘어갈 수 있지만, 실수가 반복된다면 그것은 더 이상 개인의 문제가 아니었다. 회사가 해결해야 했다.

조직을 변화시키려면 우선 조직 구성원들이 바뀌어야 한다는 사실을 공감해야 한다. 다행히 휴맥스에는 서로에 대한 신뢰가 아직 남아 있었다. 직원들은 회사를 믿었고, 회사는 직원들을 믿었다. 혁신 작업을 시작한 지 1년이 지나면서 직원들은 바뀌어야 한다는 사실을 조금씩 받아들이기 시작했다.

혁신 작업에 매달리면서 변 회장은 어느 순간 혁신의 핵심이 가시성(Visibility), 즉 '보이지 않는 것을 보이게 하는 것'이라는 사실을 깨달았다. 회사가 나빠지기 전까지 그는 회사 돌아가는 사정을 누구보다 잘 알고 있었다. 직원들의 역량을 속속들이 파악하고 있었고 그들이 무슨 일을 하고 있는지 꿰고 있었다. 부품 재고가 얼마나 남았는지, 영업은 어떤 식으로 진행되고 있는지 그의 머릿속에 다 들어 있었다. 한마디로 회사 전체를 '보고 있었다'. 그런데 직원이 늘어나고 매출이 삼천억 원이 넘어가자 그게 불가능해졌다. 회사 상황이 한눈에 들어오지 않았다. 한 개인이 전체를 보지 못한다면 그때는 시스템의 도움을 받아야 한다. 개인이 시스템 전체를 '볼 수 있도록' 하는 것, 휴맥스는 혁신이라는 이름으로 그 작업을 수행해 온 셈이었다.

혁신 작업이 이루어지기 전에 휴맥스는 늘 일이 계획대로 진행되지 않았다. 당시 진행되던 대부분의 개발 프로젝트가 평균 5개월 이상 초과되었다. 한번은 2주 기한으로 해외 현지 개발 출장을 간 팀이 2개월 만에 돌아온 적도 있었다. 그렇게 계획이 자꾸 틀어지다 보니

다음 프로젝트에 영향을 주었고 악순환은 계속되었다. 나중에는 직원들도 그런 상황을 당연하게 받아들였다. 회사는 프로젝트가 끝날 때까지는 언제 끝날지 정확하게 판단할 수 없었다. 하지만 개발 진행 과정을 외부에서 볼 수 있도록 프로세스를 개선하고 시스템을 갖추게 되자 일정이 제대로 관리되기 시작했다.

이제 휴맥스는 개발 일정이 지연된다고 해도 평균 2, 3주 정도에 불과할 정도로 프로젝트가 잘 관리되고 있다. 재고 관리도 마찬가지다. 창고에 있는 재고가 장부에 있는 재고와 일치되도록 하고, 체계적으로 분류된 부품의 재고가 보이기 시작하자 자연스럽게 재고가 관리되기 시작했다.

이제 휴맥스 직원들은 누구나 무슨 프로젝트에 참여해서 무엇을 하고 있는지, 무슨 일이 얼마나 진척되고 있는지 금방 알 수 있다. 그에 따라 팀과 팀 사이의 협력도 수월해지고 직원들 사이의 신뢰도 회복되기 시작했다. 하지만 그렇게 되기까지 과정이 결코 쉬웠던 것은 아니다. 그 작업을 하는 데만 꼬박 2~3년이 걸렸다.

변 회장은 경영 시스템을 구축하는 것 못지않게 기업 문화를 만드는 데도 공을 들였다. 그는 휴맥스의 기업 문화를 구성하는 핵심 가치를 설정했다. 이른 바 ICCI 가치로, Integrity(정직, 성실, 공적인 선택), Communication(경청과 소통), Commitment(책임과 공헌), Innovation(일의 혁신, 자기 혁신)이 그것이다.

"휴맥스의 핵심 가치 네 가지는 어찌 보면 인간의 본성과는 맞지 않는 것들입니다. 인간은 기본적으로 이기적이기 때문에 진실한 마음으로 사회에 공헌하다 보면 손해 보는 듯한 느낌을 받지요. 커뮤니케이션도 자기 위주로 하는 경우가 많고 목표 달성 과정에서 책임을 지면 생존이 위험해질지도 모른다는 걱정을 하게 됩니다. 게다가 사람들은 기본적으로 변하는 걸 두려워하기 때문에 혁신도 본성적으로는 맞지 않습니다. 하지만 이 네 가지를 항상 염두에 두고 자신을 훈련해 나가다 보면 조금씩 더 좋은 리더로 성장할 수 있고 회사의 생산성과 경쟁력도 크게 높아집니다."

물론 대부분의 기업이 핵심 가치를 가지고 있다. 하지만 변 회장은 그것이 단순히 액자에 걸려 있는 구호가 되기를 바라지 않았다. 그는 직원들이 회사에서 일을 할 때 항상 핵심 가치에 기반을 두고 의사 결정을 하기를 바랐다. 실제로 휴맥스에 입사한 사람들 중에는 기업 홈페이지에 명시된 핵심 가치를 읽어 보고 지원을 결심했다는 사람들도 상당수다. 변 회장은 틈날 때마다 직원들에게 이렇게 말한다.

"휴맥스에서는 이 핵심 가치를 가장 깊이 고민해서 습관화한 사람이 CEO가 될 겁니다. 제가 후임 CEO를 결정할 때는 누가 이 핵심 가치를 잘 체화했는지를 가장 중요하게 볼 겁니다."

독특한 것은 직원들이 일을 하면서 저절로 핵심 가치를 체화할 수 있도록 기업의 핵심 가치와 목표 관리 시스템(MBO)을 하나로 융합했다는 사실이다. 직원들은 연초에 개인 목표를 작성할 때부터 핵심 가치를 근거로 한다. 핵심 가치가 허울 좋은 구호에만 머물지 않도록 아이디어를 낸 것이다.

"좋은 리더가 되라고 자꾸 강조하는 게 아니라 어떻게 하면 일을 하면서 저절로 핵심 가치가 체화되어 좋은 리더가 될 수 있을까를 고민하면서 업무 시스템을 설계하다 보니 그런 대안이 나온 것이지요."

꾸준히 혁신을 계속한 결과, 이제 휴맥스는 일을 잘하는 회사가 되었다. 예전에 휴맥스는 '늘 하던 일을 하는' 회사였지만 지금은 '늘 무언가를 개선하는' 회사로 진화했다. 부품이 모자라거나 남지 않고 일정을 거의 지키는 회사가 되었다. 매출도 꾸준히 상승해 2010년에 비로소 매출 1조 원을 돌파한 회사가 되었다.

한때 고객사의 공급 업체 평가에서 최하 점수를 받고 사업 취소 통보를 받았던 휴맥스는 이제 매 분기 평가에서 1위 자리를 차지하는 회사가 되었다. 혁신을 통해 회사의 체질을 완전히 바꿨기에 가능한 일이었다.

경쟁력 있는 경영 시스템이 필요하다

많은 벤처 기업이나 중소기업이 어느 시점에서 성장을 멈추거나 퇴보하는 것을 자주 목격한다. 변 회장은 중소기업이 성장하는 과정에서 겪게 되는 실패 요인 중 하나가 바로 비대해진 운영을 감당할 경영 시스템이 부재하기 때문이라고 진단했다.

"어떤 기업이든 큰 기업으로 성장하려면 경영 시스템을 갖춰야 하는 시기가 옵니다. 그 벽을 넘지 못하면 더 이상 성장할 수 없지요. 그런 의미에서 미국은 한국보다 큰 기업을 만들기가 훨씬 쉽습니다. 비즈니스 모델이 좋은 벤처 기업이 출현하면 곧 경영과 운영을 전문적으로 할 수 있는 인력들이 달라붙어서 무리 없이 회사를 키워 냅니다. 한국은 그렇지 못합니다. 만약 휴맥스가 미국 기업이었다면 이렇게 어려운 과정을 거치면서 5~7년이나 걸려서 경영 시스템을 구축하지 않아도 되었을지 모릅니다."

그는 한국 기업들이 대부분 경영이 약하다고 지적했다. 중소기업이 비약적인 성장을 할 때 경영 시스템이 발목을 잡아 성장을 가로막는다는 것이다.

"한국 기업들이 이전에는 인건비 같은 비교적 저렴한 요소 비용으로 세계 시장에서 경쟁했습니다. 하지만 이제는 한국 기업의 요소 비용이 더는 싸지 않습니다. 이제는 한국 기업들도 더 나은 경영 시스템을 가지고 경쟁해야 할 때가 되었습니다."

벤처로 시작해 중견 기업으로 성장한 휴맥스도 이런 어려움을 고스란히 겪었다. 커져 가는 운영 규모를 감당하지 못해 시행착오를 거듭했고 그 과정에서 상처도 남았다. 하지만 변 회장은 문제가 있을 때 결코 대강 넘어가는 법이 없었다. 외부 전문가를 영입해 지금 당장의 사안만을 해결하려고 하지도 않았다. 그는 처음부터 다시 시작했다. 시스템 전체를 새로 구축하는 지난한 작업을 시도한 것이다. 그는 경영 시스템을 만들 때에도 자신이 이해하고 답을 찾을 때까지 우직하게 밀고 나갔다. 체계를 완전히 구축하는 데는 자그마치 7년의 시간이 필요했지만 결국 그런 집요한 근성이 회사의 체질을 완전히 변화시켰다.

그는 휴맥스가 구축한 경영 시스템의 수준이 보통의 우리나라 기업들보다 훨씬 높은 수준일 것이라고 자부한다. 그리고 스스로의 힘으로 중견 기업에 필요한 경영 시스템을 만들어 낸 것이 앞으로 휴맥스의 성장에 큰 힘이 되리라 내다봤다. 변 회장이 25년 동안 지켜 왔던 휴맥스의 CEO 자리를 전문 경영인에게 승계할 수 있었던 것도 그런 자신감 덕분이었다.

변 회장은 우리나라 기업들이 세계 시장에서 경쟁력을 갖추려면 지금의 성과에 만족하지 않고 계속 진화해 나가야 한다고 강조했다. 그러려면 기업의 경영 수준이 높아져야 한다. 그런 의미에서 휴맥스의 경영 시스템은 한국의 벤처, 중소기업이 적극 참고할 만한 혁신 툴이 될 것이다.

새로운 사업 혁신을 준비하다

2014년 초에 휴맥스는 여의도에서 기업 설명회를 가졌다. 이날 변 회장은 많은 사람들 앞에서 평소 생각해 왔던 계획을 발표했다.

"저는 오늘 여러분 앞에서 오래전부터 계획해 온 생각을 밝히려고 합니다. 저는 조만간 휴맥스의 CEO 자리에서 물러나 휴맥스 홀딩스의 CEO로 자리를 옮길 것입니다. 25년 동안 경영해 왔던 휴맥스의 CEO 자리는 전문 경영인에게 승계할 예정입니다. 휴맥스 홀딩스에서는 자회사들의 중장기 전략을 고민하는 것은 물론 새로운 혁신 사업을 발굴하고 투자해 성장시키려고 합니다. 또한 우리의 핵심 가치와 기업 문화가 유지되고 체화될 수 있도록 힘쓸 것입니다. 어떻게 하면 우리가 영속적인 기업을 만들 수 있는지에 대해 고민하겠습니다."

이 말에 참석자들은 모두 놀라는 기색이었다. 지주 회사로 옮기는 것이긴 하지만 벤처 기업 창업자가 성공적으로 이끌어 온 회사의

CEO 자리에서 물러난다는 것은 분명 흔치 않은 일이었다. 하지만 변 회장은 담담했다. 그것은 그가 오래전부터 품어 왔던 생각이었다.

그가 CEO 자리에서 물러나겠다는 생각을 처음 밝힌 것은 지난 2007년의 일이다. 그는 임원 회의에서 이렇게 말했다.

"저는 2011년까지 휴맥스를 승계할 사람을 우리 회사 안에서 찾으려고 합니다. 그는 내 뒤를 이어 휴맥스를 경영하게 될 것입니다."

휴맥스를 맡길 적임자를 찾는 일은 예상보다 다소 늦어져 7년 반 만에 이루어질 수 있었다.

휴맥스 홀딩스로 자리를 옮긴 변 회장은 한국의 기업 환경에서 휴맥스 같은 회사가 얼마만큼 성장할 수 있을지 또 어떻게 하면 영속할 수 있는 기업을 만들 수 있을지, 어떤 거버넌스 시스템으로 이 일을 가능하게 할지를 고민하고 있다. 또한 기업가로서 지속적으로 새로운 사업 혁신의 기회를 발굴해 사회에 새로운 부를 창출하기 위해 노력하려 한다.

휴맥스가 2010년에 벤처 기업으로서는 역사적인 1조 원 매출의 벽을 넘어선 후 성장을 지속할 수 있었던 데에는 사업 혁신의 기회를 내다보고 적절한 시점에 인수 합병(M&A)을 한 것이 중요한 요인으로 작용했다. 휴맥스오토모티브와 알티캐스트 같은 회사를 인수한 것은 그런 맥락에서였다.

휴맥스오토모티브는 완성 차에 납품하는 차량용 오디오를 주로 생산하는 회사로, 옛 대우전자의 한 카오디오 사업부를 인수한 것이다. 휴맥스오토모티브는 지난해 2500억 원대의 매출을 올렸다. 앞으로 커넥티드 자동차 분야에서 지속적인 혁신을 통해 5년 후에는 4000~5000억 원 이상의 매출을 올릴 것으로 기대하고 있다.

디지털방송 솔루션 업체인 알티캐스트도 인수 후 빠른 시간에 조직을 안정화시켜 코스닥 시장에 상장시켰다. 세계적인 소프트웨어 회사가 거의 전무하다시피 한 한국에서 그는 알티캐스트를 세계적인 소프트웨어 회사로 성장시킬 꿈을 가지고 있다.

"휴맥스는 기업의 성장 단계에서 세 번째 단계에 이르렀습니다. 바로 창업 단계와 성장 단계를 거쳐, 기존 사업이 아닌 새로운 사업 혁신의 기회를 찾아내고 이를 사업화해야 하는 단계입니다. 이 단계에서는 기존 사업을 이어 가면서 의도적인 혁신을 모색해야 합니다. 창업 단계에서는 우연히 다가온 기회를 발견하는 것만으로 사업을 시작할 수 있지만, 세 번째 단계에서는 의도를 갖고 기존 사업과 시너지를 낼 만한 분야에서 신사업을 찾아야 합니다. 이 작업을 하는 데 상당한 시간이 필요할 것으로 내다보고 있습니다."

항상 그렇듯 기업의 일생에서 똑같은 도전은 반복되지 않는다. 한국의 척박한 기업 환경에서 휴맥스가 기업의 성장 단계를 잘 거쳐 대기업으로 성장할 수 있다면 한국 벤처 역사에 또 하나의 획을 긋는 일이 될 것이다. 이것이 그가 다시 벤처 정신으로 돌아간 이유다.

한국 벤처 역사와 함께하다

지금은 기업가 본연의 업무에 집중하고 있지만, 변 회장도 한때는 거시적인 관점에서 우리 경제의 기업 인프라를 구축하기 위해 노력했던 적이 있었다. 바로 벤처기업협회를 설립할 때의 일이다.

벤처기업협회는 1995년에 만들어졌다. 당시에는 벤처 기업이라고 할 수 있는 기업이 고작 십여 개에 불과했다. 벤처기업협회는 그 벤처 기업에서 모인 십여 명 남짓한 기업인들이 주축이 되어 결성되었다.

보통 협회는 협회 회원들의 이익을 도모하기 위해 결성되는 이익 단체의 성격을 갖는다. 그런데 당시 벤처기업협회는 협회 구성원의 이익보다는 우리나라의 경제 발전을 위해 실질적으로 해야 하는 일들을 고민했다. 30대 중후반의 혈기왕성한 사업가였던 그들은 경제가 발전하려면 벤처 기업을 육성해야 한다는 데 의견을 같이했다. 그리고 벤처 기업 육성을 위한 인프라를 구축하기 위해 적극적으로 활동하기 시작했다.

벤처기업협회는 코스닥 시장 설립을 주도했고 국가 전체적으로 벤처 산업을 육성하기 위해 특별법이 필요하다는 생각에 벤처 기업특별법의 제정을 주도적으로 제안했다. 이 법은 방대한 분량에도 불구하고 이례적으로 6개월 만에 만들어졌다. 벤처 붐을 일으키기 위해 대학 교수들이 실험실에서 보유하고 있던 기술을 사업화하자는 '실험실 창업'을 제안하고 수많은 대학생들을 모아 놓고 벤처 기업 창업 경진 대회를 열기도 했다.

놀라운 것은 벤처 기업이 활성화되는 데 필요한 법과 제도, 기관들이 고작 열댓 명이 조직한 이 벤처기업협회를 기반으로 해서 제안되었다는 사실이다. 이듬해에 우리나라에 외환 위기가 왔고, 우리 경제는 외환 위기를 겪으면서 기존의 경제 시스템으로는 미래가 없다는 사실을 인식하게 되었다.

이런 인식을 바탕으로 1998년 벤처 붐이 일었다. 외환 위기로 대기업의 투자가 부진해지자 정부가 적극적으로 나서 벤처 육성 정책을 발표한 것이 자극제가 되었다. 때마침 세계 IT 경기도 호황을 누리기 시작했다. 이 무렵부터 막대한 자금이 코스닥 시장으로 흘러 들어갔다. 순식간에 수천억 원대 부자가 된 벤처 기업인들의 성공 신화가 회자되곤 했다.

물론 이로 인한 부작용도 만만치 않았다. '묻지마 투자'가 횡행했고 '무늬만 벤처'인 정체불명의 기업들이 우후죽순처럼 생겨났다. 투자자들이 피해를 입었고 이러한 현상이 벤처 거품이 꺼지는 데 일조했다.

벤처 기업의 침체는 2000년 3월 코스닥 주가가 급속히 떨어지는 것이 신호탄이 되었다. 정부는 코스닥 시장 안정화 대책을 잇달아 발표했지만 하강 추세를 막을 수는 없었다. 게다가 2000년대 말부터는 각종 비리에 연루된 벤처 기업인들로 인해 벤처 기업의 도덕성에도 타격을 입었다. 이 여파로 수많은 벤처 기업이 문을 닫았고, 간신히 살아남은 기업들도 구조조정과 사업 전환을 모색해야 했다. 아마 우리나라처럼 짧은 시기에 엄청난 굴곡을 겪은 벤처 기업의 역사도 흔치않을 것이다. 이런 치열한 사투 속에서도 제법 많은 벤처 기업들이 살아남았고 그들은 여전히 성장을 계속하고 있다.

변 회장은 당시 벤처기업협회의 활동을 개인적으로 소중한 경험으로 기억하고 있다. 젊은 기업인들이 각자의 이해관계를 떠나 국가 경제의 발전을 위해 움직였을 때 정치권이 도와주고 언론이 힘을 실어주고 국가 전체가 움직이는 것을 직접 경험했기 때문이다.

"나이가 들고 나서 보니 국가라는 것이 어지간해서는 움직이지 않는다는 것을 알게 되었습니다. 그런데 당시에는 30대 중후반의 벤처기업인들이 순수한 마음으로 올바른 방향으로 움직이니까 세상이 다나서서 도와주었습니다. 지금은 휴맥스라는 기업을 통해 세상에 공헌하려고 하지만 젊은 시절에 진심으로 사회의 발전을 위해 노력했고, 그로 인해 세상이 움직였던 경험은 개인적으로 무척 소중한 자산이라고 생각합니다."

물론 부작용도 없지 않았지만 벤처 기업을 육성하고자 했던 움직임은 그만한 가치가 있었다는 것이 그의 생각이다.

"만약 그때 벤처기업협회가 그런 대대적인 활동을 벌이지 않았다면 지금 한국 경제에는 휴맥스 같은 회사도 없고 네이버나 다음 카카오, 엔씨소프트 같은 회사도 없을지 모릅니다. 벤처 산업이 움직이고 국가적인 인프라가 만들어지면서 그 힘으로 창업한 기업들이 지금 우리 경제에 활력을 불어넣어 주고 있습니다. 그런 기업들이 애초에 존재하지 않는 한국 경제를 상상한다면 지금보다 훨씬 비관적일 수밖에 없을 것입니다."

벤처 기업이 성장하기
어려운 한국의 현실

돌이켜 보면 휴맥스는 보통 기업의 발전 과정을 그대로 밟아 왔다. 첫 단계는 창업 단계다. 처음 창업을 했을 때만 해도 휴맥스는 어떤 제품을 시장에 내놓아야 할지 고민이 많았다. 창업을 하고 보니 세상에 있을 만한 제품은 다 있는 것 같았다. 세상이 놀랄 만한 혁신적인 제품을 만들고 싶었지만 그런 제품을 개발하는 것은 쉽지 않았다. 창업 멤버들은 꽉 찬 세상에서 틈새를 찾기 위해 고군분투했다.

창업 후 4~5년 동안은 실패만 거듭했다. 그러다 아날로그 전자 기기가 디지털로 넘어가는 시장 변화를 감지했고 거기서 기회를 발견할 수 있었다. 휴맥스는 운 좋게 남들보다 빨리 디지털 전자 제품 시장에 진입할 수 있었고 셋톱박스의 성공으로 창업 기업에서 성장 기업 단계로 올라설 수 있었다.

성장 단계에서는 기업 규모가 갑자기 커지다 보니 여러 가지 문제가 발생했다. 창업 때와는 기업 환경이 완전히 달라져 창업 회사가 갖고 있던 열정과 도전 정신만으로는 기업을 운영하기가 어려워졌다. 휴맥스는 그 시기를 '혁신'이라는 화두를 가지고 헤쳐 나왔다.

하지만 휴맥스에서도 규모가 커진 회사들에서 드러나는 문제점이 고스란히 발견되었다. 기업 내부의 시스템을 정비하는 데 열중하다 보니 어느새 휴맥스는 초기에 가지고 있던 '벤처 기업의 야성'을 잃어버린 회사로 남았다. 남들과 다른 새로운 비즈니스를 하겠다는 벤처 정신이 사라진 것이다. 이제는 지금 하고 있는 일을 잘하는 것 못지않게 새로운 혁신 사업을 찾아내는 것이 휴맥스의 과제가 되었다.

휴맥스는 창업에서 성장 단계까지 오는 데 14년 정도 걸렸다. 거기서 다시 운영 혁신에 성공하는 데까지 6~7년의 시간이 필요했다. 대부분의 기업들이 이 단계를 거치는 동안 주저앉는다. 창업 단계에서 히트 상품을 내지 못해 사장되기도 하고, 회사가 커 가는 과정에서 운영 혁신을 제때 수행하지 못해 무너지기도 한다. 다행히 휴맥스는 그 단계들을 지혜롭게 넘어올 수 있었다.

이제 휴맥스는 기업의 일생에서 세 번째 단계를 맞고 있다. 기존에 해 오던 사업을 잘 운영하면서 새로운 혁신 사업을 찾아내는 것이 휴맥스가 안고 있는 과제다. 이 도전을 잘 넘긴다면 휴맥스는 탄탄한 대기업으로 우뚝 설 수 있을 것이다.

하지만 변 회장은 한국 경제에서 중소기업이 처한 현실을 모르지 않는다. 2001년 어느 날, 그는 회사의 자산을 점검하다가 문득 궁금해졌다.

'한국 경제를 이끌고 있는 기업들은 대체 어떤 기업들일까?'

내친 김에 한국 경제를 주도하고 있는 기업 리스트를 훑어봤다. 당시에는 한국 경제가 막 외환 위기의 그림자를 벗어나던 시기였다. 그는 기업 리스트를 보다가 놀라운 사실을 발견했다. 당시 한국 경제를 주도하고 있던 회사들은 전부 1970년대 이전에 세워진 대기업과 공기업들이었다. 그들이 차지하는 비중이 어마어마했고 나머지 기업들은 전부 합쳐도 보잘것없는 수준이었다. 그는 뭔가 잘못되었다고 느꼈다.

'1970년대 이후에도 분명히 능력 있고 경쟁력 있는 창업 회사들이 있었을 텐데 어째서 그들은 대기업 수준으로 성장하지 못했을까?'

그는 그제야 우리나라의 경제 구도가 매우 불균형하다는 사실을 알아차렸다. 그가 보기에 한국 경제는 말 그대로 '늙은 경제'였다. 젊고 혁신적인 기업들이 무럭무럭 자라 활짝 꽃을 피우지 못하는 경제 말이다. 그 틀을 깨지 않으면 중소기업은 아무리 노력해도 대기업이 될 수 없을 것이고 대기업만 계속 비대해지는 기형적인 구도가 계속될 것이다.

실제로 한국은 내실 있는 중견기업이 드문 편이다. 중소기업과 대기업의 중간쯤에 위치한 중견기업들이 산업의 허리를 탄탄하게 받쳐주어야 하는데 그런 기업을 찾아보기 어렵다. 왜 그럴까? 그는 그것이 단순히 중소기업이나 벤처 기업이 능력이 없어서가 아니라 사회 구조적인 문제라고 보고 있다. 몇 년 전에 영국의 〈파이낸셜 타임즈〉 기자가 한국의 경제 문제에 대해 이런 기사를 쓴 적이 있었다. 그는 한국이 기업가 정신이 약한 나라라고 꼬집었다.

'한국은 작은 기업이 성장하기 힘든 나라다. 기득권이 워낙 심하기 때문이다. 대기업이 이미 많은 산업을 독차지하고 있고, 작은 기업들이 클 기회를 주지 않는다. 물론 예외도 있다. 휴맥스와 네이버다. 그들이 성장할 수 있었던 이유는 한국 시장이 아닌 해외 시장을 공략했거나, 대기업이 하지 않은 새로운 분야에 도전했기 때문이다. 휴맥스는 해외에서 주로 활동했고, 네이버는 IT라는 새로운 흐름을 타고 성장했다. 한국에서 작은 기업이 성장하려면 이들 기업처럼 기존에 없던 새로운 방식을 찾아야 한다.'

이것이 한국 벤처 기업이 처한 현실이다. 건강한 경제 구조에서는 무수히 작은 기업들이 우후죽순 생겨나고 그들 중에서 중견 기업이 나오고 그들이 대기업으로 성장하면서 자연스러운 순환이 일어나야 한다. 그러나 한국에서는 그런 자연스러운 순환이 이루어지지 않고 있다. 대기업은 점점 비대해지고 작은 기업은 얼마 버티지 못하고 스러지는 기형적인 악순환이 계속되고 있다. 그런 사회에서 미래를 기대하기는 어렵다.

변 회장은 그러한 경제 구조를 누구보다 빨리 간파하고 그 대안을 찾고 싶어 하는 사람이다. 그는 언젠가 한 인터뷰에서 이렇게 말한

적이 있다.

"저는 휴맥스를 대기업으로 키우고 싶습니다. 그 말은 휴맥스를 단순히 매출이 큰 기업으로 키우고 싶다는 것이 아니라 1980년대 이후에 탄생한 우리나라 벤처 기업 중에도 대기업으로 성장한 모델이 있었으면 한다는 것입니다."

변 회장은 엔지니어 출신의 벤처 창업자이면서도 결코 기술에만 머물지 않았다. 그는 한국 경제라는 거시적인 숲에서 기업이 어떤 역할을 해야 하는지를 스스로 묻고 그 답을 끊임없이 찾아가고 있다. 그리고 이제 휴맥스 홀딩스를 통해 그 질문의 답을 얻고자 한다.

좋은 기업, 올바른 기업가가 된다는 것

엔지니어 출신인 변 회장이 회사를 이끈다는 것은 결코 쉬운 일이 아니었다. 기술에 대한 자신감은 있었지만 기업인에게 필요한 덕목은 직접 부딪쳐 가며 끊임없이 사유하는 과정에서 채워 넣을 수밖에 없었다. 그러면서 차츰 좋은 기업이란 어떤 기업이어야 하는가에 대한 나름의 답을 얻게 되었다.

"저는 오랫동안 영속하는 기업이 되려면 어떤 조건이 필요한지를 항상 고민해 왔습니다. 제가 내린 답은 기업이 오랫동안 살아남으려면 그만큼 사회에 공헌해야 한다는 것이었습니다. 학교는 본질적으로 교사들을 먹여 살리기 위해 존재하는 것이 아니라 학생들을 가르치기 위해 존재하는 것입니다. 병원의 본래 목적은 의사나 간호사들을 위해 있는 것이 아니라 환자들을 치료하기 위해 있는 것이지요. 기업도 마찬가지입니다. 기업 임원이나 직원들을 위해 존재하는 것이 아니라 궁극적으로 기업 밖의 사회에 기여하기 위해 존재하는 것입니다. 고객에게 좋은 제품을 제공하고 그것을 통해 새로운 부와 일자리를 창출하는 것이 기업의 궁극적인 목적인 셈입니다. 만약 이러한 본질적인 목적이 퇴색한다면 그 기업은 오랫동안 영속하기 어려울 것입니다.”

변 회장은 늘 기업의 정체성을 가장 본질적인 데서 찾는 버릇이 있었다. 그것은 대학원에 다닐 때 지도 교수가 항상 던졌던 질문, 다시 말해 ‘공과 대학이 우리 사회를 위해 무엇을 할 수 있을 것인가’ 라는 질문을 그 나름대로 변주한 것이었다. 그는 평생 자기 자신에게 이렇게 물었다.

“휴맥스가 우리 사회를 위해 무엇을 할 수 있을까?”

그에게는 이런 질문이 뜬구름 잡는 고리타분한 질문이 아니었다. 휴맥스의 중요한 운영 방향을 결정할 때 그 질문은 항상 그에게 정확한 방향을 가리켜 주었다. 셋톱박스를 개발할 때, 해외 진출 전략을 세울 때 그리고 기업 내부 혁신을 단행할 때도 그는 항상 그 물음에 부합한 방향성을 고민했다. 그것이 휴맥스가 여러 차례 위기를 맞았을 때 뿌리까지 흔들리지 않고 버틸 수 있는 힘이 되어 주었다.

그는 좋은 기업가가 가져야 하는 의무 중 하나는 새로운 사업 혁신을 하는 것이라고 말한다. 예를 들어 건설 사업이 잘 된다고 너도 나도 같은 방식으로 건설 사업을 하는 것은 좋은 기업가의 바람직한 선택이 아니라는 것이 그의 생각이다. 좋은 기업가는 기존에 있던 시장을 나눠 갖는 것이 아니라 새로운 비즈니스 모델을 만들어 내는 방식으로 우리 사회에 새로운 부를 창출해 내는 사람이다. 그 결과로 새로운 일자리가 만들어지고, 이 사회에 새로운 활력을 불어 넣게 되는 것이다. 휴맥스 홀딩스의 CEO로서 그는 그런 일을 하고자 한다.

"그동안 우리 사회는 선진국의 비즈니스 모델을 가져와 더 빠르게, 싸게 만드는 전략을 고수했습니다. 하지만 이제는 그런 방식으로는 한계가 왔습니다. 선두 기러기가 가는 방향으로 따라가기만 하면 되는 '안행 모델'로는 아무리 잘해도 2등밖에 할 수가 없다는 말입니다. 이제는 기업가 정신으로 기존에 없던 새로운 제품과 서비스를 만들어 내야 합니다."

그렇지 않으면 우리 경제에 더는 희망이 없다고 그는 힘주어 말한다. 후배 엔지니어들에게 당부하고 싶은 것도 같은 맥락의 전언이다.

"우리 세대 엔지니어들은 선진국이 이미 이뤄 놓은 기술을 빨리 따라잡아 가격 경쟁력을 확보하는 게임을 했습니다. 한국의 엔지니어들이 지난 수십 년간 해 온 것이 바로 그런 게임입니다. 하지만 이제는 그 게임이 끝나 가고 있습니다. 이제는 판이 바뀌어야 합니다. 남들이 해 놓은 것을 열심히 따라잡는 게 아니라 남들이 안 하는 것 속에서 새로운 가치를 창출해야 합니다. 그러려면 이전과는 전혀 다른 생각을 할 수 있는 훈련이 되어야 하고 그것이 새로운 사업으로 연결되어야 합니다. 그렇지 않으면 한국 경제는 앞으로 더 어려워질 것입니다."

그의 진단은 냉정하다. 그는 우리 사회가 선진국 기술을 따라잡는 비즈니스 모델로는 이미 포화 상태에 이르렀다고 지적했다. 따라서 지금까지의 운영 방식에서 벗어나 모든 경제 주체, 특히 중견기업과 중소기업들이 능동적이고 적극적으로 혁신을 만들어 내야 하는 시점에 와 있다고 강조했다. 그리고 항상 그랬듯 그는 다른 사람에게 그 과제를 떠넘기지 않고 스스로 떠안으려고 한다. 사업 계획서도 없이 자본금도 없이 큰 회사를 만들겠다고 결의했던 1989년 어느 밤처럼 다시 벤처 정신으로 돌아가서 말이다.

그가 이런 사업가로서의 정체성을 갖기 시작한 것은 창업 후 4~5년이 지났을 무렵부터였다.

"처음에는 마음 맞은 친구들과 뭔가를 개발하는 게 좋아서 막연하게 사업을 시작했고 직원이 백 명 정도일 때는 회사를 운영하는 재미를 느끼기도 했습니다. 하지만 언제부터인가 사업이라는 것은 단순히 우리가 좋자고 하는 게 아니고 사회를 위해 뭔가를 해야 하는 것이라는 사실을 깨달았습니다."

그때부터 그는 좋은 기업가가 되는 것에 대해 진지하게 고민하기 시작했다. 그리고 그 고민은 앞으로도 오랫동안 지속될 것으로 보인다.

"누군가 나에게 죽고 나서 어떤 사람으로 기억되고 싶냐고 묻는다면, 저는 올바른 기업가가 되기 위해 평생 공부하고 노력한 사람으로 기억되기를 바랍니다."

큰 도전이 큰 결과를 만들어 낸다

"언젠가 우리 직원이 회사를 그만두면서 이런 이야기를 한 적이 있습니다. 휴맥스에 몸담고 있으면서 회사를 살리려고 노력했던 시절이 자기 인생에서 가장 행복한 시절이었다는 것입니다. 사람들은 편하고 안정적인 삶을 지향하는 것 같지만 실제로는 힘들고 괴로워도 그것을 넘어서는 과정에서 훨씬 큰 가치를 발견합니다. 그런 의미에서 본다면 건물 하나 사서 임대료 받고 사는 인생은 너무 지루하지 않을까요?"

변 회장은 기존 질서에 편입하지 않고 다른 길을 택한 사람이다. 그는 인생에는 한 가지 정답만 있는 것이 아니라는 사실을 스스로의 삶을 통해 증명해 보였다.

물론 25년 동안 기업을 경영하면서 여러 번의 고비를 겪었다. 성장의 길목에는 항상 도전의 장벽이 가로막고 있었다. 그는 그 과정에서

한 번도 쉬웠던 적이 없었다고 토로했다. 언제나 어렵고 막막하기만 했다. 하지만 그 과정에서 그는 큰 도전이 큰 결과를 불러온다는 사실을 몸으로 체험했다. 무엇보다 도전은 함께하는 사람들을 크게 성장시키고, 오랫동안 함께 나눌 이야기를 남긴다는 사실을 알았다.

실제로 인간은 평범하고 안정적인 상태에서는 자신의 틀을 깨기가 어렵다. 어렵고 두려운 일에 도전할 때 비로소 한계를 넘어설 수 있다. 위험한 도전에 직면했을 때라야 비로소 이전에는 몰랐던 감각들이 눈을 뜨는 것이다.

변 회장 또한 새로운 가치에 도전하고 변화하는 세계에 온몸으로 맞서는 과정에서 세상의 흐름을 읽을 줄 알게 되었다고 한다. 그런 과정에서 예기치 못한 사건에서 기회를 발견할 수 있는 통찰력도 얻게 되었다. 그런 의미에서 창업은 분명 쉬운 일은 아니지만 인생을 걸고 도전할 만한 가치가 있는 일일 것이다. 그래서 피터 드러커는 창업이 위험하다고 말하는 사람들에게 이렇게 말했다.

"창업이 위험한 것이 아니라 가만히 있는 것이 위험합니다."

지금 이 시대는 기존 질서에 편입하는 것만으로는 안정적인 미래를 장담할 수 없는 시대이다. 피터 드러커의 말처럼 시시각각 변하는 세상에서 살아남으려면 이전과는 다른 관점에서 세상을 바라볼 수 있는 안목이 절실하다.

이 책을 읽는 독자들이 변 회장의 사례를 통해 기존 질서에 편입하지 않고도 충분히 꿈꿀 수 있는 '다른 길'이 있다는 사실을 알았으면 좋겠다. 막연히 교수가 되기를 꿈꾸던 한 대학원생이 지도 교수가 들려주는 실리콘밸리의 벤처 신화를 통해 다른 길도 가능하다는 사실을 깨달았던 것처럼 말이다.

그 길이 어떤 길이 될지는 오로지 여러분의 상상력에 달려 있다. 어떤 길이 됐든 그 길이 이전에는 몰랐던 자신의 가능성을 발견하는 길이기를 그리고 이왕이면 함께하는 사람들과 오랫동안 함께 나눌 수 있는 흥미진진한 이야기를 만들어 가는 길이기를 응원한다.

엔지니어 멘토 02

휴맥스, 다시 벤처 정신을 말하다

1판1쇄 발행 | 2015. 03. 10.
1판2쇄 발행 | 2015. 04. 11.

전채연 지음

발행처 김영사 | 발행인 김강유
편집주간 전지운 | 책임편집 김보민 | 책임디자인 윤소라
편집 고영완 문자영 김지아 박은희 김효성
디자인 김순수 김민혜 | 마케팅 이재균 주현욱 강점원 백미숙
해외저작권 김소연 | 제작 김일환
등록번호 제 406-2003-036호 | 등록일자 1979. 5. 17.
주소 경기도 파주시 문발로 197(우413-120)
전화 마케팅부 031-955-3102 | 편집부 031-955-3113~20 | 팩스 031-955-3111
ⓒ 2015 한국공학한림원
이 책의 저작권은 한국공학한림원에게 있습니다. 한국공학한림원과 출판사의 허락 없이
내용의 일부를 인용하거나 발췌하는 것을 금합니다.

값은 표지에 있습니다.
ISBN 978-89-349-7031-6 14320
ISBN 978-89-349-6843-6 (세트)

좋은 독자가 좋은 책을 만듭니다.
김영사는 독자 여러분의 의견에 항상 귀 기울이고 있습니다.
독자의견전화 031-955-3139 | 전자우편 book@gimmyoung.com
홈페이지 www.gimmyoungjr.com | 어린이들의 책놀이터 cafe.naver.com/gimmyoungjr

이 시리즈는 산업통상자원부의 지원을 받아　　　　한국공학한림원과 김영사가 발간합니다.

이 도서의 국립중앙도서관 출판시도서목록(CIP)은 서지정보유통지원시스템 홈페이지(http://seoji.nl.go.kr)와
국가자료공동목록시스템(http://www.nl.go.kr/kolisnet)에서 이용하실 수 있습니다.
(CIP제어번호 : CIP2015006108)